데카르트,
철학에 딴죽을 걸다

탐 철학 소설 16

데카르트, 철학에 딴죽을 걸다

초판 1쇄   2015년 1월 2일
초판 6쇄   2024년 10월 4일

지은이   김용관

책임 편집   윤정현
마케팅   강백산, 강지연
디자인   땡스북스 스튜디오, 유민경
표지 일러스트   박근용

펴낸이   이재일
펴낸곳   토토북

주소 04034 서울시 마포구 잔다리로7길 19, 명보빌딩 3층
전화 02-332-6255 | 팩스 02-6919-2854
홈페이지 www.totobook.com | 전자우편 totobooks@hanmail.net
출판등록 2002년 5월 30일 제2002-000172호
ISBN 978-89-6496-240-4 44100
ISBN 978-89-6496-136-0 44100 (세트)

● 이 책의 사용 연령은 14세 이상입니다.
● 탐은 토토북의 청소년 출판 전문 브랜드입니다.

데카르트,
철학에 딴죽을 걸다

김용관
지음

16
탐
철학
소설

탐

차례

수학으로 새로운 세상을 열다

데카르트! '생각한다. 고로 나는 존재한다.'라는 말로 매우 유명한 철학자입니다. 하지만 한동안 그는 제게 그다지 유명하지도, 대단하지도 않은 인물이었습니다. 학창 시절 외워야 할 격언의 주인공 정도였습니다. 그러던 그가 언제부터인가 각별한 존재로 다가왔습니다. 심지어 동네 선배처럼 아주 가깝고 친근한 사람처럼 여겨졌습니다. 그 동네는 다름 아닌 '수학'이었습니다.

수학의 역사에서 데카르트와 마주치리라고는 미처 생각지 못했습니다. 그는 좌표를 통해 도형과 수식을 연결했습니다. 도형을 수식으로 바꿔 대수적인 해법의 도움을 받아 어려운 도형 문제를 쉽게 풀 수 있게 했습니다. 반대로 수식을 도형으로 바꿔 보여 줌으로써 수식이 뭘 의미하는지를 한눈에 알 수 있게 해 줬습니다. 전혀 다른 분야로 여겨지던 기하학과 대수학은 데카르트의 공로에 힘입어 상호 전환이 가능해졌습니다.

저는 데카르트가 왜 수학의 역사에서도 언급되는지, 철학자임에도 불구하고 왜 수학을 다루게 되었는지 궁금했습니다. 그의 책《방법서설》을 읽었습니다. 철학책이지만 어렵지 않았고, 그가 들려주는 이야기가 참 재미있었습니다. 놀랍게도 그의 철학은 매우 수학적이었습니다. 데카르트는 수학을 통해 그의 철학을 전개해 갔습니다. 그의 철학 노정은 마치 수학의 증명 과정을 보는 듯했습니다. 그랬기에 그가 무엇을 이야기하려 했는지, 어떤 과정과 방법을 통해서 주장을 펼쳤는지가 선명하게 보였습니다. 그가 왜 철학을 위한 방법이 중요하다고 했는지, '생각하는 나'가 왜 근대의 시작을 여는 한마디가 됐는지도 이해하게 됐습니다.

수학을 통해 자신의 문제를 풀어가려 했다는 점에서 그는 제 인생의 모델이자 선배였습니다. 그래서 그의 문제의식, 철학 노정, 그가 제시한 해결책과 주장 그리고 인간적인 애달픔까지 담아 이야기로 엮어 보고 싶었습니다. 적절한 이야깃거리를 찾던 중 상상력을 자극하는 한 사건이 눈에 들어왔습니다. 데카르트가 네덜란드를 떠나기

전 스웨덴행을 한 달 정도 유보한 일이었습니다. 한 달 후 그는 매우 아끼는 하인 한 명을 데리고 네덜란드를 떠났습니다.

'데카르트는 왜 스웨덴행을 유보했을까? 공식 문서 요청은 명분일 뿐 주저한 것은 아닐까? 그 한 달 동안 데카르트는 자신의 인생을 뒤돌아보며 정리한 것은 아닐까? 이 하인은 어떤 사람이었기에 스웨덴까지 동행했을까?' 질문에 질문을 던져 봤습니다. 그런데 이 하인은 이방인이었고, 언어를 잘했다고 합니다. 언어에 능통하다는 사실을 철학적 소양도 있는 것으로 저는 해석해 봤습니다. 한 달의 유보 기간 동안 주인과 하인 이상의 교류도 가능했겠다고 상상했습니다. 상상할수록 재미있었고, 정말 그럴 수 있었겠다는 생각마저 들었습니다. 그래서 이 한 달에 데카르트의 삶을 담아 보게 됐습니다.

지금은 데카르트의 주장이 설득력을 잃었고 많은 비판도 받고 있습니다. 벗어나야 할 과거의 틀로 간주되기도 합니다. 하지만 우리가 이어받아야 할 게 있습니다. 자신만의 철학을 탄생시킨 문제의식과 노력입니다. 그는 시대의 한계를 절감하고 그 한계를 넘어서려 했습니다. 새로운 철학을 위해 과거의 철학을 통째로 부정했고, 방법이 필요하다는 문제 설정을 했으며, 그 방법을 찾아 세상을 떠돌아다녔고, 그의 방법에 입각한 그만의 길을 걸어갔습니다. 데카르트의 이런 삶의 자세는 어느 시대의 누구에게나 필요하다고 생각합니다.

이 글이 나오기까지 많은 도움을 받았습니다. 데카르트의 도움이 첫 번째입니다. 제가 참고할 만한 삶의 모델을 제시해 준 고마운 분입니다. 데카르트의 책을 볼 수 있게 해 준 많은 출판사, 그의 주장을 이해하기 쉽도록 도와준 관련 저자들 그리고 데카르트의 이야기를 책으로 엮을 소중한 기회를 준 탐 출판사에 고마움을 전합니다. 특별히 윤정현 님의 지지와 수고가 큰 힘이 됐습니다. 고맙습니다.

2014년 수냐의 수학카페에서

김용관

데카르트

실존 인물. 근대 철학의 시조라 불리는 프랑스 철학자. 어떤 꿈을 꾸고 난 뒤 스웨덴으로 갈 것인지 네덜란드에 남을 것인지 고민한다. 이성을 신뢰하고, 모든 것을 의심하며 확실한 생각을 추구한다.

슐루터

실존 인물. 데카르트의 하인. 독일인이며 언어에 능통하다. 데카르트가 스웨덴행을 고민하며 머무른 한 달 동안 그의 곁에서 말동무가 되어 주며 데카르트와 친해진다.

메르센

실존 인물. 데카르트와 절친했던 친구. 라 플레슈 대학교의 동문. 과학과 수학에 관심이 많았고 데카르트의 연구를 지지하던 수도사. 데카르트가 네덜란드로 가기 1년 전에 사망함.

플레밍 제독

실존 인물. 스웨덴의 해군 제독. 여왕의 명을 받고 데카르트를 데려가기 위해 부하를 이끌고 네덜란드에 도착함.

라세

플레밍 제독의 충실한 부하. 데카르트의 집을 지키던 경비대의 책임자. 명예를 최우선으로 여기는 군인. 스웨덴행 출발을 미룬 데카르트를 미워한다.

장 지요

실존 인물. 데카르트의 하인이었다가 데카르트로부터 수학적 재능을 인정받아 가르침을 받았다. 데카르트의 소개로 수학자로 활동하게 됐다.

또다시 찾아온 꿈

어스름해진 거리는 사람들로 북적였다. 여느 때처럼 이 거리는 그 이름에 걸맞은 작자들로 넘쳐났다. 자유의 거리! 자유라는 가치를 소중히 여기는 네덜란드다운 이름이다. 누가 네덜란드 아니랄까 봐. 흥!

가슴이 도드라져 보이는 옷을 입은 여인, 화려한 깃털 장식으로 한껏 멋을 낸 청년, 취기를 못 이겨 고래고래 노래를 부르는 상인, 그런 상인에게 농 섞인 말투로 유혹하는 매춘녀의 끈적끈적한 모습은 흔하디흔한 풍경이다. 자신의 종교를 전파하는 전도자들도 어김없이 나타났다. 자유를 만끽하는 이들을 타락하고 부도덕한 짐승으로 몰아붙이며 회개하라고 외쳐댔다. 누구도 그들의 소리에 귀 기울이지 않았다. 소심한 관음증 환자처럼 전도자들은 외침을 핑계 삼아 거리의 자유를 은밀하게 엿보는 듯했다. 모두 자신이 하고 싶은 것, 해야 할 것을 자유롭게 해 나갈 뿐이었다.

입구에 서서 그들을 찬찬히 바라봤다. 그들이 무대 위의 연극배우인 양 행동거지 하나하나를 관람했다. 한 걸음씩 다가서자 거리가 밝아졌다. 내가 태양이라도 된 듯했다. 주위가 환해지자 부끄러운 짓이 발각돼 화가 난 것처럼 사람들은 나를 쳐다봤다. 고까운 시선에도 개의치 않고 나는 '그곳'으로 나아갔다.

잠시 후 사람들의 모습이 서서히 바뀌었다. 팔은 잎으로, 다리는 뿌리로, 몸통은 줄기로 변했다. 이름도 꽃도 없는 잡초였다. 풀은 곧 시들더니 쪼그라들었다. 급기야는 물방울이 되어 바람 따라 날아가버렸다. 이내 나는 혼자 남겨졌다.

'그곳'으로 다시 발걸음을 옮겼다. 하늘에 먹구름이 끼었다. 검디검은 구름이 무겁게 축 늘어져 보였다. 금방이라도 비를 토해낼 것 같았다. 아나나 다를까 비가 내리기 시작했다. 굵은 빗방울이 우두둑 쏟아져 내렸다. 신기하게도 나는 비를 전혀 맞지 않았다. 내게 향하던 빗방울이 내 주위에서 톡톡 튕겨져나갔다. 튕겨지는 빗방울에서 소리가 났는데, 사람 소리였다. 무슨 말인지 알아들을 수 없었다. 물방울이 되어 사라졌던 사람들이었다.

비와 함께 바람이 거세게 불었다. 내가 '그곳'으로 가지 못하게 하려는 것 같았다. 거리의 흙먼지가 바람에 실려 오자 눈을 뜨기가 불편했다. 날려갈 뻔한 모자를 오른손으로 잡아 꼭 눌렀다. 바람에 날리지 않으려고 바람이 불어오는 곳으로 몸을 수그렸다. 길가에 쌓여 있던 쓰레기까지 날리자 몸을 돌려 등으로 바람을 맞았다. '그곳'을 향해 뒷걸음질로 나아갔다.

비바람은 더 거세져 폭풍이 되었다. 내 발걸음을 어떻게든 막아 보려 했다. 폭풍은 나를 다른 건물 쪽으로 밀어붙였다. 그리 안 가려고 안간힘을 썼지만 조금씩 떠밀렸다. 그 건물이 더 가까이 눈에 들어왔다. 교회였다. 찬란하게 빛나는 은색의 교회였다. 그 휘황찬란함에 잠시 마음을 빼앗겼다가 등을 돌린 채 '그곳'으로 향했다.

등 뒤에서 쨍그랑하며 뭔가가 깨지는 소리가 들렸다. 높으면서도 둔탁한 소리였다. 빗소리가 아니었다. 고드름이었다. 검 모양의 길고 날카로운 고드름이 창처럼 내리꽂혔다. 깨지면서 소리가 났는데, 역시 사람 소리였다. 꺼내 달라고, 교회로 가라고 속삭였다. 잡초가 되어 사라졌던 그들이었다. 중력효과 때문에 고드름은 순식간에 나를 향해 떨어졌다. 고드름 비를 피해 달아났다. 쫓겨서 도달한 곳은 교회 앞이었다.

교회로 다가갔다. 반투명 유리로 지어진 교회였다. 뚜벅뚜벅 문을 향해 걸었다. 크고 동그란 문고리가 있는 문이 앞을 가로막았다. 걸음을 멈추고 생각했다. 문을 열 것인가, 말 것인가……. 열어 보기로 맘먹었다. 왼손을 서서히 내밀어 문고리를 잡았다. 잡는 순간 내 입에서 으윽 하고 비명이 절로 터져 나왔다. 손을 얼려 버릴 정도의 냉기가 손을 타고 가슴으로 밀려들었다. 순식간에 내 몸이 얼음으로 변해 갔다.

네덜란드냐
스웨덴이냐?

"으어!"

눈을 떴다. 천장에 고정된 시선을 이리저리 돌리면서 주위를 살 폈다. 손으로 가슴을 어루만졌다. 고드름이나 상처는 없었다. 꿈이었 다. 꿈인지 현실인지 구분하기 어려울 정도로 생생했다. 데카르트는 안심된다는 듯이 휴! 하면서 숨을 골랐다. 입이 바싹 말라 있었다.

"안녕히 주무셨어요?"

방에서 인기척을 느꼈는지 밖에서 하인이 인사를 건넸다. 데카르 트는 아무런 대꾸도 하지 않았다. 꿈에 짓눌려 있기도 했거니와 꿈의 여운을 깨고 싶지 않아서였다. 악몽이었지만 곱씹어 보고 싶었다.

"구텐 모르겐Guten morgen!"

데카르트가 아무런 대꾸도 하지 않자 하인이 또다시 인사를 했 다. 이번에는 그의 모국어인 독일어였다. 얼마 전부터 일하기 시작한 이 하인은 하인치고 꽤 똑똑했다. 특히 언어에 굉장한 소질과 능력을 갖추고 있었다. 독일어는 기본이고 프랑스어, 라틴어에도 능통했다.

틈만 나면 자신의 능력을 뽐내곤 했다.

'아, 저놈 또 시작이네. 말만 잘하는 게 아니라 말도 많다니까…….. 온종일 혼자서 종알종알 대니까 심심하지 않아 좋을 때도 있지만, 방해되는 경우도 많단 말이야. 저 녀석, 내가 가만있으면 라틴어로 또 인사하겠지. 이럴 때는 말 많은 하인이 참 귀찮군. 다른 하인을 구하고 싶지만, 그것도 쉽지 않고. 허 참!'

"이제 일어났다. 잠시 더 누워 있을 테니 걱정 말고 가서 일 보아라."

얼른 쫓아 버릴 심산으로 데카르트는 덤덤하게 말했다.

"네. 비명이 들리던데 정말 괜찮으십니까? 따뜻한 차라도 한 잔 드릴까요?"

"아니다. 지금은 좀 더 누워 있고 싶구나. 부르기 전까지는 다시 오지 말아라."

데카르트는 더는 방해받고 싶지 않아 일부러 위엄 있게 말했다. 잠시 침묵이 흐른 뒤 하인은 알겠다며 돌아갔다.

'오전은 내게 황금 같은 시간이야. 누구의 방해나 개입도 받지 않고 나만의 생각에 깊이 잠길 수 있지. 자세를 편안히 하고, 몸에 착 감기는 이불을 덮고 있노라면 몸은 따뜻해져. 천국이 따로 없다 할 정도로 기분은 좋아지고. 얼토당토않게 나를 비방하던 철학자의 비난이

나 돈 떨어졌다고 칭얼대던 하인의 중얼거림 같은 잡소리는 모두 사라져 버려. 이게 어려서부터 지금껏 유지해 오던 명상법이야. 침대 명상법.

명상을 한다면 사람들은 보통 고요한 새벽에, 조용한 곳으로 가서, 정갈한 자세로 눈을 감고, 심호흡을 하며 생각하지. 개나 소나 모두 천편일률적으로 그렇게 가르치고, 그렇게 배우고 연습해. 그런 문화의 근거는 관습과 권위야. 아무런 의심이나 이성적인 판단 없이 그렇게 따라 할 뿐이야. 따라쟁이들!

명상법이란 딱 정해져 있는 게 아니야. 깊게 생각할 수 있게 해 주는 방법이라면 어떤 것이든 명상법이라 할 수 있어. 중요한 건 방법이 목적을 얼마나 달성하게 하느냐야. 아무리 전통적인 방법이더라도 효과가 없다면 따를 필요가 없어. 새로운 방법을 찾아야만 해.

목적을 위해서는 방법이 중요해. 침대 명상법은 내가 고안해 낸 최상의 방법이야. 쉽고, 간단하고, 효과적이고! 이 방법을 얻기까지, 이 방법이 최고라는 걸 확신하기까지 꽤 오랜 시간이 걸렸지. 기존의 모든 명상법을 거부하고 부정했던 것이 그 출발점이었어.

침대 명상법을 두고 비난하는 무리가 있었지. 명상의 대가들이 가르쳐 준 방법이 아니라고, 수천 년의 경험과 자료를 바탕으로 한 교회의 전통을 따르지 않는다고, 내 편한 대로 하는 게으른 방법이면서 위선과 거짓을 떠는 거라고.

무식한 놈들! 이성이라고는 눈곱만큼도 없는 작자들. 남이 시키는 대로만 일평생을 살아온 풋내기들. 의심의 눈초리를 던져 볼 만큼의 사고 능력도 없는 동물들. 틀린 걸 틀렸다고 부정해 볼 만큼의 배짱과 용기도 없는 소인배들. 변화와 발전이라고는 전혀 없이 늘 하던 대로만 살아가는 게 편한 영혼 없는 기계들. 쯧쯧쯧.'

욕을 좀 해댔더니 맘이 편해졌다. 아무리 생각해 봐도 그들이 틀렸고, 자신이 옳았다. 1+1=2라는 사실만큼 확실하고 분명했다. 기분이 훨씬 나아졌다. 모르는 것들이 한 짓이라는 생각이 들자 측은한 맘까지 들었다. 오늘 아침도 침대 명상법의 효과를 톡톡히 봤다.

꿈을 떠올렸다. 북적대던 거리, 잡초가 됐다가 물방울로 사라져 버린 사람들, 세차게 불어오던 비바람, 얼음으로 된 교회, 비처럼 쏟아지던 고드름이 한 장면씩 스쳐 지나갔다. 예사롭지 않았다.

'무슨 의미일까?'

눈을 감고 몸의 움직임을 멈췄다. 호흡마저 멈춘 듯 몽롱한 생각의 세계로 빠져들었다.

'이 꿈은 뭐지? 개꿈일까 계시일까?

내가 처한 현재 상황을 보여 주는 걸까 아니면 앞으로 일어날 일을 예고하는 것일까……?

뭔가 메시지가 있는 것 같아.

무슨 뜻일까. 어디를 가려고 했고, 그 얼음 교회는 뭐야? 왜 나를 그리로 몰아붙였을까?'

얼음 교회, 생각만 해도 끔찍했다. 따뜻하고 온유해야 할 교회가 차디찬 얼음이라니! 얼음 생각만으로도 한기가 스며들었다. 이불을 바짝 끌어당겨 얼굴을 푹 감싸 안았다.

"잠깐 오늘이 며칠이지?"

데카르트는 갑자기 이불을 내리고 혼자 중얼거렸다. 며칠인지 감이 없었다. 하인을 불러 물었다.

"오늘, 오늘이 며칠이지?"

"오늘요? 8월 10일인데요. 무슨 약속 있으신가요? 오늘 특별히 당부하신 사항은 없었는데요."

"아니다. 됐다, 됐어. 나가 보아라."

하인이 나가자 데카르트는 다시 생각에 빠져들었다.

'10일이라……. 또 10일이군. 내 인생에서 10일은 참 인연이 깊어. 중요하다 싶은 일은 언제나 10일에 있었지. 푸아티에 대학의 학위 논문을 승인받은 날짜가 10일이었어. 수학을 다시 접하게 해 준 이삭 베이크만을 만난 날도 10일. 젊었을 적 내 삶의 방향을 제시한 꿈을 꾼 날도 10일이었지. 그런데 10일에 또 이런 꿈을 꾸다니…….'

10이라는 수와 자신의 삶, 그리고 그 10일에 꾼 또 다른 꿈을 생각해 봤다. 꿈의 의미는 분명해 보였다. 내 사정을 아는 사람이라면 딱 부러진 해석을 내놓을 게 뻔했다. 사람들이 다른 곳으로 쫓아내려는 꿈이라고. 굴복하지 말고 끝까지 싸우라고. 하지만 그렇게만 볼수 없다는 게 문제였다. 그에게는 다른 사람이 잘 알지 못하는 비밀스러운 과업이 또 있었다. 철학과 무관한 일이었다. 그 일을 놓고 꿈을 바라보면 반대 해석도 가능해 보였다.

"데카르트 님, 데카르트 님. 좀 일어나 보셔야겠는데요?"

하인 슐루터가 급하면서도 짧게 전하는 말에 데카르트는 잠에서 깼다. 꿈풀이를 하다가 다시 잠든 모양이다. 슐루터는 문을 두들기며 일어나라고 재촉했다.

"무슨 일인데 왜 이리 소란을 떠는 거냐?"

데카르트는 신경질을 내며, 슐루터를 나무랐다.

"어쩔 수 없었습니다. 지금 밖에 무슨 일이 벌어졌는지 아십니까? 그렇게 태평하게 침대에 누워 계실 상황이 아니란 말입니다."

데카르트의 허락 없이 불쑥 방에 들어온 슐루터가 지지 않으려는 듯 대답했다.

"그럼 무슨 일인지 말이나 해 봐라."

"네. 조금 전 마을에 웬 배가 한 척 당도했습니다. 그런데 그 배가 보통 상선이나 어선이 아닙니다. 글쎄 전쟁 때나 봄 직한 전투용 배란 말입니다."

"전투용 배? 이 마을에 그런 배가 뭐하러 온 거지? 그럴 상황이 아닌데. 30년 전쟁도 끝난 마당에."

"그렇죠. 그 전쟁과 관련된 게 아닙니다. 그 배는 한 사람을 위해서 스웨덴에서 왔답니다."

"한 사람을 위해서? 스웨덴에서? 정말?"

"네. 그 한 사람이 누구인지는 아십니까? 바로 주인님이십니다. 그 배에는 플레밍 제독이 승선했는데, 이 마을에 오자마자 데카르트 님이 어디에 계시냐며 찾아 돌아다녔답니다. 그런 분이 오시기로 했습니까?"

"……"

"왜 아무 말씀도 안 하십니까?"

"……"

"그리고 그분이 지금 거실에서 기다리고 계십니다. 데카르트 님을 뵙게 해달라고 성화예요. 지금 주무신다고 했는데도 다짜고짜 빨리 깨워 말씀을 전하라고만 하시네요. 제독답게 총을 착용하고 계신데, 말을 안 들으면 총이라도 쏠 기세였다니까요."

"지금 기다리고 있다고? 물러갈 기세는 전혀 없더냐?"

"네. 그런 말이 통할 양반이 아니라니까요. 쫓아 보낼 양이면 직접 나가서서 말씀하시던가요."

"알았다. 나가서 잠시만 기다리라고 전하거라. 곧 나오실 거라고."

데카르트는 2층에서 계단을 내려와 1층 거실로 향했다. 제복을 입은 제독의 뒷모습이 눈에 들어왔다. 그는 흐트러짐 없이 소파에 가만히 앉아 있었다. 슐루터가 건네준 차에서 김이 모락모락 피어올랐다. 제독은 전혀 신경 쓰지 않았다. 방문객이라면 으레 관심을 두기 마련인 프랑스산 쿠키가 접시 위에 가지런히 놓여 있었다. 본인의 관심사가 아니라는 듯 제독은 허리를 곧추세우고 앞을 응시하고 있었다.

'흠. 주어진 소임에 충실한 군인이로군. 보통내기가 아니겠는걸.'

위엄 있고 흐트러짐 없이 정돈된 제독의 몸가짐에 데카르트는 마음을 다독였다. 군인이라고 깔봤던 조금 전의 마음을 얼른 지웠다. 먼저 이야기를 충분히 듣고 대응하는 게 좋겠다고 생각했다.

"안녕하십니까? 제가 데카르트입니다."

데카르트는 정중하게 말을 건네며 악수를 청했다.

"반갑습니다. 플레밍 제독입니다."

악수를 한 후 두 사람은 의자에 앉았다. 데카르트는 쿠키와 차를 권했고, 제독은 그제야 차를 한 모금 마셨다. 데카르트의 권유 때문에 예의상 마실 뿐이었다. 그는 아무 말도 하지 않았다. 두 사람 사이로 찻잔 소리와 차를 건네는 소리만이 오고 갔다. 어색할 법도 한데 제독은 여전히 차분했고 안정적이었다. 데카르트와 제독의 기 싸움이 벌어졌다. 군인으로서 익숙하다는 표정으로 제독은 데카르트를 응시했다.

슐루터가 다른 음식을 내왔다. 그러고는 나가지 않고 데카르트의 옆에 조용히 서서 데카르트의 지원군 행세를 했다. 데카르트는 그것이 싫지 않아 그대로 뒀다.

"무슨 일로 저를 보자고 하셨는지요?"

데카르트가 먼저 말을 꺼냈다.

"들으셨겠지만 저는 스웨덴 여왕의 명을 받아 온 제독입니다. 하지만 전쟁이나 전투와는 아무런 상관이 없습니다. 저의 임무는 데카르트 님을 안전하게 스웨덴으로 모시는 겁니다. 저희 여왕님께서는 데카르트 님께 최대한의 예의와 존경을 표하라 하셨습니다. 유럽 최고의 철학자를 모시는 길이 안전해야 한다며 저더러 직접 모셔 오라고 당부하셨습니다.

스웨덴 왕실과 데카르트 님 사이에 이미 언약이 있었던 걸로 알고 왔습니다. 저희가 편안하고 안전하게 모시겠습니다. 필요한 물품은 얼마든지 가져가셔도 됩니다. 이곳을 정리하는 일도 저희가 깔끔하게 거들겠습니다. 뭘 어떻게 도와드리면 되는지 말씀해 주시고, 떠날 채비를 해 주시지요."

제독은 자신의 임무가 무엇인지 차근차근 설명했다. 철학자 한 사람을 위해 제독이 무리를 이끌고 직접 움직였다는 걸 은근히 강조했다. 여왕이 그 정도로 배려하고 있다는 걸 알아 달라는 투였다. 데카르트는 올 것이 왔다고 생각했다. 그러나 무덤덤했다. 예정된 만남이었지만 달갑지 않았다.

데카르트는 스웨덴 여왕의 철학 교사로 가게 돼 있었다. 힘들고 지루한 과정 끝에 내린 결정이었다. 자유의 땅을 버리고, 북극곰이 사는 얼음의 나라로 가고 싶은 마음은 추호도 없었다. 처음에 제안을 받았을 때는 일언지하에 거절했다. 그 후로도 제안은 계속됐다. 데카르트가 적들과의 논쟁에 지쳐 있던 틈을 타고 유혹은 계속 이어졌다. 결국 데카르트는 제안을 받아들이기로 결정하긴 했지만 썩 내키지 않았고 여전히 찜찜했다.

"알겠습니다. 돌아가 계세요. 일정 잡히는 대로 알려 드리겠습니다."

제독은 일어서서 돌아가려 했다. 그에게 주어진 군 작전을 무사히 완수했다는 표정이었다. 데카르트는 거실에 덩그러니 남겨졌다. 슐루터가 차와 쿠키, 음식을 내가려고 정리했다. 딸그락거리며 접시의 부딪치는 소리가 거실을 메웠다. 익숙한 손놀림이었지만 여느 때처럼 민첩하지는 않았다.

"데카르트 님…… 스웨덴으로…… 가시는 겁니까?"

슐루터가 띄엄띄엄 내뱉으며 물었다. 조심스럽게 예의를 갖춰 묻고 있다는 걸 의식적으로 드러냈다.

"스웨덴 말이냐? 그래 거기로 가련다. 거기로……."

데카르트는 낮고 일정한 톤으로 주섬주섬 대답했다. 대답이라기보다는 자신에게 그 사실을 되새겨 주는 듯한 목소리였다. 확신과 자신에 찬 목소리가 아니었다. 어쩔 수 없다는 체념이 짙게 묻어났다.

"아니, 무슨 말씀이십니까? 스웨덴이라니요? 네덜란드를 떠나신다는 건가요?"

"그래, 스웨덴 말이다. 네덜란드를 떠날 거다."

"주인님이 왜 그리로 가시는 거예요? 주인님을 못살게 굴던 적들을 피해 달아나신단 말씀이세요?"

슐루터가 갑자기 빠르고 거침없이 말했다. 말 많던 평상시의 모습 그대로였다. 데카르트는 아무 대답도 하지 않았다. 이 반응은 슐루터로 하여금 자신의 말이 맞다는 자신감을 심어 줬다. 슐루터는 말을 계속 이어 갔다.

"주인님은 자유의 땅, 네덜란드를 좋아하셨잖아요! 그 어느 곳보다 자유가 보장되는 곳이라며 자랑스러워하셨어요. 그렇게 좋아하던 이곳을, 쉰을 바라보는 이 연세에 떠나신다고요? 그것도 주인님이 가장 싫어하는 추운 북녘으로요? 그건 말이 안 돼요. 적들을 피해 도망가시는 것 말고는 그 어떤 말로도 설명이 안 된다고요."

"꼭 그런 게 아니다. 네가 모르는 게 있단다. 네가 뭘 안다고 그렇게 지껄이는 게냐?"

"주인님. 지금껏 잘 싸우셨잖아요. 인제 와서 도망이라뇨? 싸움도 다 끝난 판에 그렇게 하시면 적들이 비웃어요. 결코 패하신 게 아닌데 뭐가 무서워서 떠나시려고요? 제가 지켜 드릴 테니 여기 계세요. 자유의 땅, 네덜란드에!"

말문이 터진 슐루터를 막을 수 없다는 걸 잘 알고 있는 데카르트는 묵묵히 듣고 있었다. 알아들었으니 나가 있으라며 그를 내보냈다.

'당연히 그렇게 볼 수 있지. 내가 스웨덴으로 간다면 내가 도망간 거라고 사람들은 웅성거릴 게 틀림없어. 그럼 결국 내 스스로 나의 패배를 인정하는 셈이 돼 버려.'

데카르트는 찝찝함을 지울 수 없었다. 찝찝해하던 차에 그날 아침의 꿈이 떠올랐다. 찝찝함에 찜찜함이 더해졌다. 제독을 만나 이야기하자 꿈이 스웨덴행이라는 현실과 관련된 것 같다는 생각이 들었다. 얼음 교회! 프로테스탄트의 나라이자 추위의 나라인 스웨덴이 얼음 교회일 것 같았다. 그곳으로 쫓기던 자신의 모습이 스웨덴행과 겹쳐졌다.

생각이 더 깊어졌다. 꿈의 의미를 확인해야 했다. 그러기 전에 선불리 움직일 필요는 없었다. 신중해야 했다. 이성적으로 충분히 검증하고, 분명하게 이해하기 전까지 시간이 필요했다. 며칠 더 머무른다고 문제 될 건 없었다. 그럴 만한 이유와 대의명분이 필요했다.

"스웨덴 왕실로 가기로 한 건 맞습니다. 그렇게 약조가 돼 있었기에 기다리고 있었습니다. 그런데 제가 한 가지 확인할 게 있습니다."

데카르트는 마주 앉은 제독에게 말을 건넸다. 수동적인 자세로 듣기만 했던 지난번과는 다른 어조였다. 당당하고 자신감 있는 목소리였다.

"저는 근래 몇 년 사이에 너무나 많은 고초를 겪었습니다. 제 철학에 반대하는 학자들이 틈만 나면 저를 공격했고, 이곳에서 저를 쫓아내려고 안달했습니다. 하지만 저는 제 철학에 대한 소신이 있기에, 이 자리를 꿋꿋하게 지켜 냈습니다. 그래도 여전히 위협받고 있는 게 사실입니다.

의심은 이성을 가진, 사유하는 인간의 특권입니다. 저는 그 특권을 사용할 수밖에 없는 처지랍니다. 나를 잡아먹으려는 늑대들이 주위에 넘쳐 나는 상황 때문이죠. 부디 너그러이 이해해 주시길 바랍니다. 제독께서는 기분 나쁘시겠지만, 저로서는 의심스러운 게 하나 있습니다. 제독이 스웨덴에서 온 분이라는 걸 어찌 믿을 수 있나요? 그걸 증명해 줄 만한 증거가 있으신가요? 저로서는 그 증거 없이 제독을 따라나설 수는 없습니다."

"증거요? 제가 스웨덴 여왕이 보낸 사람이 맞다는 걸 보증할 만한 증거 말씀하시는 거죠?"

"네!"

"제가 입고 있는 제복, 제가 이끌고 온 무리와 함대를 보십시오. 모두 스웨덴의 옷과 배라는 걸 아실 겁니다. 게다가 저는 데카르트

님을 모시는 이 일과 관련된 인사들의 이름을 모두 알고 있습니다. 이걸 보고서도 믿지 못한다는 말씀이신가요? 의심을 통해 진리의 탑을 쌓은 분이라더니 정말 의심의 대가다우시군요."

"제독께서 말씀하신 사항은 얼마든지 조작이 가능합니다. 위장은 전쟁에서 많이 사용되는 수법이란 걸 잘 압니다. 저도 청년 시절에 전쟁터를 누볐던 경험이 있거든요. 그 정도로 의심의 싹을 자르기는 어렵습니다. 여왕의 직인이 찍힌 편지나 문서를 보여 주십시오."

"편지나 문서요? 이번에 그런 건 가져오지 않았습니다. 그걸 요구하지도 않으셨잖아요?"

제독의 목소리 톤이 바뀌었다. 요구할 걸 요구하라는 투였다.

"그 정도는 기본적인 거라고 저는 생각했습니다. 굳이 이야기할 필요도 없는 사항 아닙니까? 저는 공식적으로 확인하기 전까지 이곳을 정리하지도, 떠나지도 않겠습니다."

데카르트는 자신의 비겁한 태도를 감추며 진심 어린 표정을 지었다. 제독의 눈을 정면에서 마주 보는 대범함도 보였다. 제독은 처음에는 당황했다. 언제 떠나자는 말이 나올 줄 알았는데 의외의 말을 들었기 때문이었다. 그는 나중에는 화를 냈다. 다른 증거를 구체적으로 자질구레하게 제시했다. 그러나 데카르트의 태도가 달라지지 않자 나중에 다시 오겠다는 말을 남기고 떠날 수밖에 없었다.

데카르트는 침실에 홀로 누웠다. 제독에게 거짓말을 했다는 사실이 양심에 거슬렸다. 하지만 한편으로는 잘했다는 맘도 들었다. 자신에게 남은 인생의 향방을 결정할 수도 있는 그런 배를 무턱대고 탈 수는 없었다. 나이가 쉰이라는 슐루터의 말도 무시하기 어려웠다.

'스웨덴이 얼음 교회일까……? 그럴 수 있어. 철학자로서의 지난 한 삶, 길고 처절했던 철학 논쟁과 그로 인해 힘들었던 일련의 상황을 고려한다면 스웨덴이 얼음 교회 같아. 가지 말아야 할 곳이지. 거기에서라면 조용히 지낼 수는 있을 거야. 적들도 더는 떠들어 대지 않을 테고. 하지만 그건 전진이 아니라 후퇴야. 물러서는 거고, 꿈을 접는 거지.'

데카르트는 심란해졌다. 서글퍼졌다. 세상을 구석구석 누비며 자신의 철학을 정립해 왔던 지난날이 무의미하게 느껴졌다. 자신이 여행객이 아닌 떠돌이였다는 자괴감도 들었다. 스웨덴행은 자신의 지난날을 통째로 부정하는 것 같았다. 온갖 색으로 예쁘고 화려하게 그려 놓은 그림을 검은색으로 뒤덮어 버리는 잔인하면서도 허무한 짓이었다.

'그러나 꼭 그렇게만 볼 게 아니야. 나에게는 또 하나의 과업이 있었잖아. 이 시대에 맞는 철학을 세우는 것에 뒤지지 않는 엄청난 거였어. 그건 아직 이루지 못했지. 거의 포기해 버린 거나 다름없지만. 그 계획을 아는 이는 거의 없어. 세상 사람들은 나를 철학자로만 봤기에, 철학 외의 일에 관해서는 관심도 두지 않았지.

그 계획을 놓고 꿈을 해석해 본다면 꿈의 의미는 달라져. 이곳 네덜란드는 그 계획을 이룰 만한 곳이 아니야. 철학의 꽃을 피우기에는 적합했지만, 그 계획을 이루기에는 부적합했지. 스웨덴이 오히려 더 적당할 것도 같아. 여왕의 철학 교사로 가느니만큼 뭔가를 시도해 볼 만한 여건이 좋잖아. 그 꿈이 그 계획을 위한 메시지라면 나는 스웨덴으로 가야 해. 그리 가라는 강한 메시지일 수 있어. 꿈에서도 사람들이 살려 달라며 나를 얼음 교회로 몰아갔잖아.'

고민스러웠다. 아무하고나 상담하기 어려운 문제였다. 정말 믿을 만하고, 데카르트를 속속들이 아는 친구여야 했다. 데카르트는 한 친구를 떠올렸다. 평생 친구였는데, 얼마 전 유명을 달리한 그 친구가 보고 싶었다. 그 친구라면 마음 터놓고 얘기할 수 있을 것 같았다. 그러나 그를 다시 볼 수는 없었다. 야속한 마음이 불같이 일어났다. 이 불을 다시금 잡아당겨 얼굴을 뒤덮었다.

과학일까?
신의 뜻일까?

데카르트는 침대에 잠들어 있는 한 남자를 보았다. 작지만 규칙적인 숨소리가 그로부터 들려왔다. 숨을 쉴 때마다 거뭇거뭇한 콧수염이 미세하게 흔들렸다. 행복해 보이지는 않았지만 비교적 평안해 보였다. 그에게 한 걸음 다가섰다. 남자의 얼굴을 찬찬히 훑어보던 그는 깜짝 놀랐다.

"어, 이게 누구야? 나잖아. 왜 내가 저기 있는 거지?"

데카르트는 당황스러웠다. 자신이 자신을 바라보고 있었다. 태어나서 처음 접해 보는 신기한 경험이었다. 이리저리 둘러봤지만 영락없는 자신의 모습이었다.

'그럼 이렇게 말하고 있는 나는 누구지? 지금의 나는 귀신인가?'

누워 있는 자신의 모습을 다시 바라봤다. 그는 여전히 숨을 쉬고 있었다. 그는 죽지 않고 살아 있었다. 더욱 헷갈렸다. 어느 누가 자신인지 알 수 없었다.

'누워 있는 저 남자는 분명 나야. 하지만 바로 지금 생각하고 있는 나도 내가 맞아. 그것 역시 확실해. 그럼 내가 둘이라는 얘기인가? 어떻게 그럴 수 있지? 그럴 순 없어!'

데카르트는 자신이 누구인지 보기 위하여 거울 앞으로 갔다. 거울에는 아무런 형상도 비치지 않았다.

"친구, 뭘 그리 고민하고 있어?"

들려오는 목소리에 데카르트는 뒤를 돌아보았다. 아무런 형체도 보이지 않았다. 허공 속에서 다시 목소리가 들려왔다.

"놀랄 것 없어. 네가 늘 주장하던 그대로야. 사람은 육체와 영혼으로 구성돼 있다고 했잖아. 누워 있는 저건 육체인 데카르트, 그리고 너는 영혼인 데카르트야."

"내가 영혼이라고? 영혼은 사람이 죽어야만 분리되는 거 아니었나?"

"그렇지 않아. 그건 보통 사람들이 갖고 있는 편견일 뿐이야. 네가 늘 주장하던 것처럼 영혼은 육신과는 완전히 단절돼 있어. 육신의 영향을 전혀 받지 않지. 육신이 살았을 때나 죽었을 때나 항상 존재하고 활동할 수 있어."

"그런데 왜 모습이 없는 거야?"

"보통 사람처럼 영혼이 육신의 모습과 같아야 한다고 생각하는 거야? 그렇지 않아. 평상시 너 뭐라고 했지? 영혼은 뭘 하는 존재지?"

"영혼? 영혼은 철저히 생각하는 존재이지. 생각 그 자체이고."

"맞아. 영혼의 본질은 생각 또는 사유야. 그래서 모양도 없어. 자유롭기 때문이지. 모양이 있다는 건 뭔가에 얽매여 있다는 거잖아."

데카르트는 자신이 자신의 주장과는 달리 일반적인 생각에 빠져 있었다는 걸 깨달았다. 형체가 없는 영혼, 당황스러웠지만 다시 생각해 보니 멋지다는 생각이 들었다. 평상시에 그렇게도 갈구하던 자유의 상태에 도달해 있다는 게 믿기지 않았다.

"그럼 난 완전한 영혼의 상태에 있는 거네. 자유롭고, 무한하며, 사유 능력이 가득한 영혼."

"그렇지. 맘에 들어? 너는 언제나 자유로운 사유의 세계에 도달하고 싶어 했잖아. 걸리적거리는 육신의 편견이나 관습, 습관으로부터 자유로워지고 싶어 했지."

"너, 메르센이지? 내 평생의 친구이자 후원자였던 메르센!"

"그래. 나 메르센이야. 데카르트."

데카르트는 한동안 말을 잇지 못했다. 할 말이 너무 많았기에 아무 말도 할 수 없었다. 침묵만이 그가 하고 싶은 모든 말을 표현하고 있었다. 그 마음을 알고 있다는 듯 메르센은 지그시 웃으며 데카르트를 바라봤다. 데카르트는 메르센을 다시 만나게 됐다는 게 믿기지 않았다.

메르센은 평생 친구였다. 그는 데카르트보다 나이가 여덟 살 더 많았다. 예수회 학교였던 라 플레슈 대학 입학 동기였다. 그때부터 메르센과의 인연은 시작됐고, 그가 작년에 죽을 때까지 이어졌다. 메르센은 성직자였지만 나중에 물리학이나 수학에 관심을 많이 가졌다. 열심히 공부해 음악에 관한 책을 직접 펴내기도 하고, 당시 흩어져 있던 유럽 학자들을 서로 연결해 줬다. 누가 무슨 연구를 했으며, 어떤 성과가 있었는가를 알려 주었다. 편지를 주고받으며 학자들 간의 네트워크를 형성했다. 데카르트도 그중 한 사람이었다.

데카르트는 메르센으로부터 많은 격려와 지지를 받았다. 과학과 수학에 조예가 깊었던 메르센이었기에 학문적인 이야기도 나눌 수 있었다. 메르센은 데카르트가 무엇을 하려고 했는지 잘 이해했고, 성과가 있을 때마다 칭찬을 아끼지 않았다. 성과를 모아서 출판해 보도록 권하며 데카르트가 가려던 길을 끝까지 갈 수 있도록 힘을 보태 줬다.

지난날이 주마등처럼 스쳤다. 메르센을 다시 만져 보고 싶었다. 그의 따뜻했던 손길을 다시 느껴 보고 싶었다. 백 마디 말보다 위로가 될 것 같았다. 그의 생각이나 의견을 듣기보다 그를 안아 보고 싶었다. 데카르트는 자신이 정말 외로웠다는 걸, 친구를 그리워하고 있었다는 걸 절감했다.

데카르트의 맘이 그대로 전달된 걸까? 형체라고는 하나도 보이지 않던 메르센이 데카르트의 눈앞에 서서히 나타났다. 가장 먼저 보인 건 그의 형체가 아니었다. 그것은 뭐랄까……. 그만의 냄새였다. 육신의 냄새가 아니라 그만의 고유한 느낌과 이미지였다. 영혼의 냄새라고나 할까? 그러더니 흐릿하게 메르센의 모습이 드러났다. 형체는 뚜렷해지고, 색은 또렷해졌다.

메르센은 여전히 모자가 달린 검은 수사복을 입고 있었다. 머리는 약간 벗겨졌고, 콧날은 날카로웠다. 호기심이 많아 공부를 좋아하던 그의 눈매는 여전히 살아 있었다. 메르센을 따라 데카르트도 모습을 갖췄다. 둘은 예전처럼 서로를 반기며, 악수하고, 포옹했다. 이불을 덮은 듯 포근하고 따뜻했다.

"메르센, 난 스웨덴으로 가야 할까 아니면 네덜란드에 그냥 남아야 할까?"

데카르트는 정말 어찌해야 할지를 몰라서 메르센에게 물었다.

"네가 꾼 꿈 때문에 그런 거지?"

"응. 그 꿈은 분명 신께서 주신 거야. 그러니 그 뜻이 뭔지 명료하게 파악해야 해. 그러기 전에 함부로 움직일 수는 없어. 그런데 사람들은 내 인생의 궤적을 철학이라는 선으로만 그려 가려고 해. 하지만 너도 알다시피 내게는 또 다른 계획이 있었잖아. 그걸 모르니 조언이라고 해 봐야 시답잖을 뿐이라고."

"그 계획은 포기한 거 아니었나? 아직 그 생각을 품고 있단 말이야?"

"포기했다고 단정하기는 어렵지. 지금은 나머지 인생을 위한 계획을 짜고 있어. 그 와중에 그 꿈을 꿨지. 그래서 이렇게 고민 중이야. 내게 한마디 조언을 좀 해 줘."

"……."

"아니. 왜 아무 말도 없는 거야?"

"난 그 문제에 대해서 아무 말도 해 줄 수 없다네. 육신과 영혼이 완전히 다르듯 이승과 저승 또한 완전히 달라. 저승의 사람이 이승의 사람 일에 관여하는 건 금지된 거네. 그런 규칙을 떠나서, 그건 자네가 주장했던 철학과 맞지 않는 처사야."

"내 철학과 맞지 않다고?"

"그럼. 네가 그렇게 갈아엎고 싶어 했던 중세 철학의 입장이라면 내가 한두 마디 거들어 줄 수는 있어. 하지만 너는 중세 철학과는 전혀 다른 철학을 주장했잖아. 그 때문에 난 네게 훈수를 해 줄 수 없어. 네 철학이 초래한 업보 같은 거야."

"무슨 말인지 모르겠네. 내 철학 때문에 도와줄 수 없다니. 내 철학이 어떻다고 그러는 거야?"

데카르트는 답답했다. 메르센의 모습은 생전의 모습과 같았다. 그러나 그의 태도는 달라져 있었다. 아낌없이 조언하고 지지해 주던 예전과는 달리 넘지 말아야 할 선을 앞에 두고 묵묵부답이었다. 데카르트는 말 좀 해 보라며 졸랐다. 그럴수록 메르센은 더 멀어졌고,

입을 닫았다. 그러더니 서서히 사라지기 시작했다.

"메르센, 왜 사라지는 거야. 말을 좀 해 봐. 가지 말라고!"

메르센은 그렇게 조용히 사라졌다.

꿈이었다. 꿈이었지만 데카르트는 아쉬움에 눈물을 적셨다. 그를 다시 본 것도, 그가 그렇게 사라져 간 것도 아쉽기만 했다. 꿈이었음을 깨닫고 이불 속으로 또 들어갔다. 꿈을 꾸고 나자 사람이 더 그리워졌다. 같이 있어 주고, 이야기를 들어 주고, 같이 슬퍼해 줄, 몸 있는 사람이. 그만큼 더 외로워졌다.

이 마을을 곧 떠날 수도 있다고 생각하니 아쉬운 맘이 들었다. 평생을 여행객으로 살아온 데카르트에게 네덜란드는 특별한 곳이었다. 그가 제 발로 찾아온 곳이고, 그 어느 곳보다도 가장 오래 머문 곳이기도 하다. 그만큼 그에게 있어서 많은 일이 벌어진 곳이었다. 기분 전환 겸 산책을 나가겠다고 맘먹었다. 하늘과 바람, 길거리 풍경, 사람들의 모습 하나하나를 눈에 담아 두고 싶었다. 슐루터에게 산책하러 갈 테니 준비해 달라고 일렀다.

데카르트가 집을 나설 채비를 하자 슐루터가 모자와 지팡이를 챙겨 내밀었다. 모자는 까만색 중절모로 챙이 넓어 데카르트의 구불구불한 머리카락을 감쌌다. 그의 날카로운 눈매도 모자 아래로 숨어들었다. 데카르트가 좋아하는 모자였다. 남의 시선을 피하면서 보고

자 하는 것을 볼 수 있게 해 주는 모자였다.

"잘 다녀오십시오."

여느 때처럼 슐루터가 허리를 구부려 깍듯이 인사했다. 데카르트는 늘 혼자서 산책하러 다녔다. 그 누구의 간섭을 받지 않고 사색에 몰두하기 위해서였다. 슐루터는 그걸 잘 알고 있기에 문 앞에서 데카르트를 배웅했다.

"알았다……. 음. 오늘은 나를 따라나서거라."

"네?"

자신이 잘못 들었다고 생각한 슐루터가 되물었다. 이때까지 산책길에 데카르트가 하인을 데리고 간 적은 한 번도 없었다. 산책만큼은 늘 혼자였다.

데카르트 곁에는 항상 하인이 있었다. 일평생 하인 없이 생활한 적이 없다고 할 정도였다. 어디를 가건 하인을 데리고 다녔다. 먹고 자고 입는 일상의 모든 영역에서 하인의 도움은 필수적이었다. 그런 데카르트였지만 산책 때는 하인을 데리고 다니지 않았다. 그런데 지금 따라나서라고 하니 놀랄 수밖에 없었다.

"산책길에 따라나서란 말이다."

데카르트는 슐루터에게 다시 한 번 말했다. 두 번을 반복해서 말하자 슐루터는 그 뜻을 알아차리고 서둘러 따라나설 준비를 했다.

데카르트와 슐루터는 집을 빠져나와 산책길에 나섰다. 데카르트가 앞서고 슐루터는 서너 걸음 뒤에서 따랐다. 슐루터는 처음에 무슨 일인가 하고 머뭇거렸다. 그러다 곧 익숙해졌는지 두리번거리며 말도 하고 평상시처럼 데카르트를 대했다.

해 질 무렵 거리에는 시원한 바람이 불었다. 바닷가가 가까운지라 마을에는 늘 바람이 불어왔다. 덥지 않아 반가운 바람이 데카르트의 머리카락을 살랑살랑 흔들었다. 앞에서 불어오는 바람과 뒤에서 따라오는 슐루터 사이에서 데카르트는 평온함을 느꼈다. 잠시나마 고민을 잊을 수 있을 것 같았다. 인생사의 바람이 언제 불었던가 하는 맘마저 들었다.

에그몬트는 네덜란드의 북서쪽 해안에 위치한 마을이다. 바다에서 잡아 올린 생선을 싣고 가는 마차가 드문드문 보였다. 생선 비린내가 거리 곳곳에 배어 있었다. 아이들 몇몇은 거리 한구석에 모여 앉아 말뚝박기하며 소리를 질러댔다. 빵, 외국 상품, 과일 등을 파는 가게에 손님이 드나들었다.

데카르트는 평소 사물을 자세히 살피고 관찰했다. 사물의 움직임을 정확히 파악하는 것이 철학의 기본이라고 여긴 탓이다. 철학이란 게 말로 하는 학문이라지만, 철학은 모름지기 사실과 부합해야만 했다. 과학을 통해 하늘과 땅을 자세히 들여다보기 시작하면서 사람들은 이전과는 다른 사실들을 많이 발견해 냈다.

갈릴레이만 하더라도 지구를 돌지 않고 목성을 중심으로 회전하는 위성을 발견해 냈다. 지구가 모든 별의 중심은 아니었다. 하비는 인체의 피에 대해 새로운 발견과 이론을 주장했다. 심장이 펌프가 되어 피를 온몸으로 순환시킨다고 했다. 간에서 피를 계속 만들어 내보내고, 흘러가는 도중에 피가 소멸한다는 기존 주장과는 달랐다.

온전한 철학이라면 변화에 귀 기울여야 했다. 새롭게 발전해 가는 과학은 철학의 근본적인 변화를 요구했다. 아니, 철학 이전에 먼저 과학의 사실에 주목할 것을 요청했다. 데카르트는 그런 과학에 호기심을 느꼈고 매료되었다. 그로부터 자세히 관찰하는 습관은 자연스럽게 형성됐다.

그러나 지금은 눈을 부릅뜨고 싶지 않았다. 몸과 맘의 눈을 감고 닫아 두고 싶었다. 그저 바람의 감촉과 기운을 온몸으로 느끼려 했다. 평소 같으면 천천히 지나쳤을 법한 거리의 풍경이었지만 지금은 걸음 속도에 맞춰 눈을 이동해 갔다. 외부의 흐름에 따라 흘러가고 있었다. 그때 멀리서 시끄러운 소리가 들려왔다. 데카르트의 발걸음이 자연스레 그곳으로 향했다. 슐루터가 그의 발걸음을 뒤따랐다.

"선생님, 선생님! 제 딸을 좀 살려 주세요! 제발 좀 살려 주세요!"

넋이 나간 소녀를 품에 안은 한 어른이 숨넘어가듯 말했다. 급하게 뛰었는지 가파른 숨을 몰아쉬며, 얼굴에는 땀이 맺혀 있었다. 아이만큼이나 정신을 차리지 못했다. 굵고 거친 손가락으로 보아 한평생 농사를 업으로 삼은 농부인 것 같았다. 퇴근하려는 의사를 붙잡아 세운 그 농부는 아이를 의사에게 보이려 했다. 주변이 시끄러웠지만 아이는 눈을 감은 채 축 늘어져 있었다.

"선생님 며칠 전부터 감기를 앓았는데, 열이 떨어지질 않아요. 좀 살펴봐 주세요."

"지금은 내가 급하게 가야 할 곳이 있는데……."

의사는 난처하다는 표정을 지으며 아이를 건네받지 않으려 했다. 그럴수록 아이의 아빠는 의사의 앞길을 가로막으며 울고불고 간절하게 매달렸다. 그 난리 소리를 듣고 주위에 있던 사람들이 하나둘 모여들었다. 데카르트도 그들 사이에서 지켜봤다.

"선생님, 이렇게 죽어 가고 있는 게 안 보이십니까? 제발 살려 주세요. 제발요!"

아빠의 목소리는 더욱 애절해졌고, 보는 이들도 혀를 끌끌 차며 안됐다는 표정이었다.

"정말 곧 죽을 것 같네. 쯧쯧쯧."

"잠깐이라도 살펴봐 줄 수는 있는 거 아닌가?"

아이 아빠를 향한 동정과 의사를 향한 원망이 곳곳에서 터져 나왔다. 얼른 자리를 뜨려던 의사는 이러지도 저러지도 못하게 돼 버렸다는 듯 묵묵부답이었다.

"난 지금 마을의 교회 목사님께 가 봐야 한단 말이오. 그 집 아들이 아파요. 시간이 없단 말입니다!"

의사는 모른 척하기로 결심하고 아이 아빠의 손을 뿌리치며 말했다. 목사의 이름을 빌려 자리를 빠져나갈 셈이었다. 말을 뱉자마자 신속하게 사람들 틈새로 빠져나가려 했다. 아이 아빠는 그런 의사의 앞길을 필사적으로 막아섰고, 사람들은 자석처럼 그들을 따라 움직였다.

"목사 아들은 중요하고 농부의 딸은 중요하지 않다는 거야?"

"지금 당장 사람이 죽어 가고 있는데 어쩜 저럴 수가 있어."

구경거리 삼아 지켜보던 사람들은 목사 아들이란 말을 듣고 들썩였다. 신분을 따지며 치료를 하려던 의사를 못마땅하게 여겼다. 의사는 본인이 말을 잘못 내뱉었다는 걸 깨달았다. 사람들은 농부를 더 감싸면서 딸을 치료해 주고 가라는 강압적인 분위기를 만들었다. 자칫 잘못하다가는 무슨 일이라도 일어날 것 같았다. 의사는 분위기를 가라앉히기 위해 다른 말을 꺼냈다.

"사람의 생명은 오직 신께 달린 것이오. 신의 뜻이 있지 않고서는 목숨이 그리 쉽게 끊어지지 않는단 말입니다. 내 얼른 갔다 올 테니 잠시만 기다리고 있으시오. 알겠소? 내 사정도 좀 헤아려 줘야 할 것 아니오!"

의사는 신의 이름을 들먹였다. 신이란 말에 사람들이 멈칫했다.

웅성거림도 서서히 잦아들었다. 역시 신은 모든 사람이 공감하며 공유하고 있는 공통분모였다. 그 어떤 불평이나 비판도 신 앞에서는 무용지물이었다. 주춤해진 분위기를 감지한 의사는 그 틈을 타 빠져나가려 했다.

다른 사람들과 달리 데카르트는 오히려 화가 났다. 인간의 삶이란 게 신의 뜻 안에 있는 게 맞다손 치더라도, 죽느냐 사느냐의 문제는 달랐다. 어떻게 하느냐에 따라서 달라질 수 있다고 그는 믿었다. 가만히 듣고만, 바라보고만 있을 수는 없었다.

"그렇죠. 모든 걸 신께서 관장하시는 법이니 맞는 말씀이요. 그럼 하나 물읍시다. 당신 같은 의사는 대체 왜 필요한 거요? 신의 뜻이 정해져 있다면 의사가 치료를 하나마나 결과는 정해져 있을 게 아니오?"

"……."

의사는 아무 대답도 못 했다. 이때다 싶어 데카르트는 더 파고들었다.

"신의 뜻이 정해져 있다면 목사 댁에 늦게 가더라도 문제 될 건 없지 않겠소? 이 아이를 먼저 치료해 주고 가도 되지 않겠소? 오히려 거기는 신께서 특히 사랑하시는 성직자이니 더 보호해 주시지 않겠소?"

의사는 여전히 말이 없었다. 반박할 말이 없었다. 사람들은 듣고 보니 맞는 말이라며 고개를 끄덕였다. 그건 농부의 딸을 치료해 달라는 무언의 압력이었다. 머뭇대던 의사는 어쩔 수 없다는 듯이 아이에게 다가갔다. 손을 아이의 이마, 팔, 다리, 등에 대보며 상태를 확인했다. 사람들의 시선이 자기의 손에 집중되어 있다는 걸 느꼈다.

"감기로 인해 탈진했고, 열이 심해 매우 위독한 상태요. 극단적인 처방을 쓰지 않으면 오늘 저녁을 넘기기 힘들 것 같소. 어쩌시려오?"

의사는 농부를 쳐다보며 물었다.

"극단적인 처방이라뇨? 무슨 처방이죠?"

"피를 뽑아야 하오. 열로 인해 몸에 있는 수분이 다 빠져나가서 피가 몸을 지배하고 있소. 피의 검붉은 기운으로부터 열기가 계속 뿜어져 나오고 있단 말이오. 몸의 균형이 맞지 않기 때문이오. 그러니 피를 뽑아내 수분과의 균형을 맞추는 것만이 살길이오. 지금 당장에라도 그리하겠소?"

"그럼요. 우선 살고 봐야죠. 피 그까짓 거 뽑는 게 뭐 대수라고 못한단 말입니까. 어서 해 주십시오."

그 말을 듣자마자 의사는 채혈할 준비를 했다. 몸을 묶을 줄과 칼, 헝겊 등을 가방에서 꺼냈다. 익숙한 몸놀림이었다. 사람들도 그럴 줄 알았다는 표정이었다. 등이 보이도록 아이를 돌려 눕힌 다음 의사는 엉덩이 부위에 칼을 대려 했다.

"안 돼요. 안 돼! 피를 빼내는 건 아무런 도움도 되지 않아요!"

멀찌감치 서 있던 데카르트가 손으로 사람들을 밀치고 앞으로 나서며 단호하게 말했다. 깜짝 놀란 의사는 행동을 멈추고 데카르트를 쳐다봤다. 사람들도 의사를 따라 데카르트에게 시선을 모았다.

"당신이 의사인 나보다 더 낫단 말이오?"

자신의 행로를 막아 버린 데카르트에게 화가 나 있던 의사는 신경질적으로 반응했다. 한번 해 보자는 날 선 의도가 드러나 보였다. 논쟁이나 싸움에 익숙한 데카르트는 겁먹지 않고 맞받아쳤다.

"피를 빼면 좋아진다는 건 미신일 뿐이오. 용이나 마귀와 같이 허무맹랑한 믿음일 뿐이라고요. 아무런 근거도 없어요."

"아무런 근거가 없다고? 이 방법은 의학계 신으로 여겨지는 갈레노스의 이론을 바탕으로 하고 있소. 당신이 갈레노스보다 더 큰 자라고 말할 수 있소?"

"내가 갈레노스보다 낫다는 뜻은 아니오. 다만 피에 관한 의사 양반의 이론만큼은 틀렸소. 얼마 전 하비라는 과학자가 밝혀냈듯이 피는 순환하는 것이지 끊임없이 계속 만들어 내는 게 아니오. 함부로 피를 뽑다가는 생명을 앗아가 버릴 수 있소. 그러니 안 된단 말이오."

"천 년 이상의 권위를 갖고 있는 방법이 틀렸다는 말이로군요. 허허. 그럼 어떻게 할까요?"

"그냥 편안히 쉬게 하는 게 제일 낫소. 물과 음식을 충분히 섭취하도록 해 주고."

이 대목에서 데카르트는 다소 자신 없는 목소리로 대답했다. 이전의 방법이 틀렸다는 것만큼은 확실했다. 그러나 대체할 방법이 문제였다. 그도 마땅한 새 방법을 찾지 못한 상태였다. 치료라기보다는 가만히 있으면서 운명에 맡기는 꼴이었다. 그는 이 사실을 잘 알았다. 누구보다 그 사실을 뼈아프게 가슴에 담아 두고 있었다.

"아, 여보쇼! 지금 무슨 이야기를 하는 거야! 우리 애가 며칠 동안 그렇게 지냈다고. 쉬면서 낫기를 기다렸지. 그런데 지금 어떻게 됐는지 안 보이쇼? 지금 당장 조치를 취해도 살까 말까한 마당에 의사 선생님을 왜 방해하는 거요? 선생님! 어서 피를 뽑으시죠."

아이 아빠는 의사 선생님의 손을 잡아당기며 치료를 재촉했다.

"싫소. 저 양반 말을 들으니 치료고 뭐고 하고 싶지 않소이다. 만에 하나라도 뭐가 잘못된다면 내 꼴이 우습게 되기 십상인데 내가 뭐하러 그런 모험을 한단 말이오. 싫소!"

"선생님, 무슨 말씀이세요. 의사도 아닌 저 양반이 뭘 알겠어요? 네?"

농부는 시술을 계속해 달라고 의사에게 간절히 매달렸다. 의사가 미동도 하지 않자 그는 데카르트를 쳐다보며 화난 목소리로 소리쳤다.

"당신이 뭔데 방법이 틀렸다 맞았다 하는 거요? 피 뽑는 방법은 아주 오래전부터 내려온 방법이고 우리가 모두 다 인정하고 있는 거요. 그럼 우리도 다 틀렸다는 거네. 그렇지 않소?"

"미안하지만…… 그렇소. 틀린 건 틀린 거요. 생각해 보세요. 피를 뽑은 후 주위 사람들이 어떻게 됐는지. 모두 낫고 좋아졌나요? 오히려 그렇지 않은 경우가 더 많았어요. 그건 미신일 뿐이라고요."

데카르트가 꿋꿋하게 맞받아치자 농부는 더 화를 냈다. 의사가 떠나지 않도록 해 줬다는 고마운 표정은 어디에도 없었다. 말로는 도저히 안 되겠다고 판단한 그는 다른 사람들에게 데카르트를 쫓아내 달라고 부탁했다. 자기들 모두가 잘못됐다고 말한다면서, 호래자식 같은 사람이라고 부추겼다. 그 말에 모든 사람이 데카르트에게 적대감을 보였다.

사람들은 데카르트에게 의사가 시술할 수 있도록 물러나라고 요구했다. 데카르트는 물러나지 않고 가만히 서 있었다. 자신의 주장을 내세우지는 않았지만, 결코 굽히지도 않았다. 그런 태도에 사람들은 분노했다. 의사는 교묘한 말로 사람들의 분노를 자극했다. 시술을 볼모 삼아 사람들을 조종했다. 사람들은 데카르트를 붙잡고 밀쳐 내려했다. 몸집이 작은 데카르트는 사람들의 분노가 이끄는 대로 끌려다녔다.

"여러분! 그러시면 큰일 납니다. 이분이 어떤 분인 줄 알고 이러시는 겁니까?"

슐루터가 급하게 막고 나섰다. 데카르트를 단단히 붙잡고 있던 사람들의 손을 떨쳐 내면서 외쳤다. 큰일 난다는 말에 사람들은 잠시 행동을 멈췄다. 이때를 틈타 슐루터는 계속 소리 질렀다.

"우리 마을에 당도한 저 스웨덴 함대가 뭣 때문에 온 줄 아십니까? 그 배는 스웨덴의 여왕님이 보내신 것으로, 거기에는 스웨덴의 제독이 계십니다.

그런데 그 배가 온 이유는 바로 이분을 모셔가기 위한 거라고요. 며칠 전 제독이 온갖 예의를 갖춰 이분께 오셨어요. 여왕님께 모셔가려고 왔다 하더군요. 만약 이분께 좋지 못한 일이 생긴다면 그 제독이 가만히 있지 않을 겁니다. 그 제독을 상대할 만한 배짱과 힘이 있는 분이라면 모를까 이분을 건드리지 않는 게 좋을 겁니다."

함대, 제독 이야기가 나오자 사람들은 겁먹었다. 슐루터의 말이 먹혔는지 하나둘씩 데카르트에게서 떨어졌다. 슐루터는 얼른 주인에게 공손히 절을 하고 다친 데는 없는지 살폈다. 이 일을 제독에게 보고할 거냐며, 사람들이 들을 수 있을 정도의 목소리로 물었다. 데카르트는 그럴 거 없다며 너스레를 떨었다. 둘은 위축된 표정 없이 그 자리를 빠져나와 집으로 향했다.

3

모든 걸 의심하고
부인하고

"메르센, 메르센!"

데카르트는 절친했던 메르센을 몇 발자국 뒤에서 불렀다. 메르센은 고개를 돌린 채 데카르트의 부름에 아무런 반응을 보이지 않았다. 그의 뒷모습을 향해 손을 뻗으며 더 간절하고 애간장 타는 목소리로 메르센을 불렀다. 다가설수록 메르센은 또한 멀어졌다. 둘 사이의 거리는 일정했고, 쫓아가면 달아나는 형국 또한 변하지 않았다.

따뜻한 눈물이 볼을 타고 흘러내렸다. 한 번쯤 얼굴이라도 돌려봐 주길 바랐다. 한 번만이라도 그의 얼굴을 바라보고 싶었다. 이전 꿈과 달리 메르센은 더 냉정해졌고, 굳어 있고, 단호해 보였다. 이야기는 고사하고 데카르트를 쳐다보지도 않았다.

"메르센! 메르센!"

"주인님! 주인님!"

데카르트는 눈을 떴다. 어딘가 하고 두리번거렸다. 꿈인지 현실인지 또 헷갈렸다. 자신의 침실이었다. 어렴풋하게 슐루터의 모습이 눈에 들어왔다. 메르센을 외치는 소리가 들려 방 안에 들어와 있던 모양이다. 걱정스러운 눈길로 데카르트의 눈을 쳐다보며 염려 말라고 눈빛으로 말하고 있었다. 꿈이었음을 깨닫고서 데카르트는 안도의 한숨을 내쉬었다.

거리에서 사람들과 충돌한 일이 꿈속의 한 장면처럼 떠올랐다. 사람들이 자신을 향해 분노하던 모습만큼은 현실처럼 또렷했다. 이제 그런 장면은 익숙해질 법도 한데, 닥칠 때마다 힘들고 괴로웠다. 나이를 먹을수록 자신을 향한 비판이나 공격을 맞받아치기가 힘들어졌다. 그럴 때마다 자신이 더 강했으면 좋겠다고 생각했다.

데카르트는 육신이 강하다고 말하기는 어려웠다. 체구도 작고 성격도 세심하고 소심한 편이었다. 어린 시절에는 몸이 좋지 않았다. 그런 탓에 늦잠을 자더라도 집에서나 학교에서나 문제 삼지 않았다. 청년이 되면서 몸이 좀 나아지긴 했지만 건강 문제는 평생 그를 따라다녔다. 방정식의 조건처럼 그의 사고나 행동을 제약했다.

어쩌면 그의 철학적 면모는 여리다고까지 볼 수 있는 그의 몸 탓이었다. 건강하지 않았던 탓에 육체적 활동보다는 정신적 활동이 그에게는 더 익숙했고 탁월했다. 몸의 움직임이 적은 탓에 정신의 움직임을 최대로 이끌어 낼 수 있었다. 인생은 단순하지 않았다. 약한 것이 꼭 약한 게 아니고, 강한 것이 꼭 강한 게 아니었다. 데카르트는 그것을 잘 알고 있었다.

어린 시절의 유약함에 비하면 그는 험한 인생길을 잘도 걸어왔다. 자신의 신체적 한계를 넘어선 길이었다. 수많은 곳을 떠돌아다녔고, 사람들과 숱한 싸움을 해 왔다. 그는 혼자만의 시간을 통해 깨달았다. 시대 자체가 새로운 철학을 원하고 있다고. 그건 수정이 아니라 혁명이었다.

지난 시대의 철학을 갈아엎을 만큼의 위력을 지닌 철학이어야 했다. 그것을 위해서 그는 온 세계를 떠돌아다니며 여행했다. 보고 듣고 생각하며 철학을 정립했다. 그의 철학은 세상에 퍼져 나갔다. 위력이 컸던 탓에 혁명을 원치 않던 무리로부터 강한 저항과 비판을 받았다. 예상치 못한 싸움에 직면했으나 그는 결코 그의 철학을 접지 않았다. 상황에 따라 유연하게 대처하긴 했지만, 그의 철학을 포기하지 않았다. 어제의 싸움처럼 사람들은 그를 맞이하다가도 결국에는 쫓아내 버리곤 했다. 그런 일이 다반사였기에 때로는 꿈이었는지 진짜였는지 알쏭달쏭했다.

데카르트는 슐루터를 불렀다. 길거리에서의 일이 진짜였는지 확인하기 위해서였다. 가까이 오라고 하자 슐루터는 침대 바로 옆으로 다가왔다.

"길거리에서 의사와 채혈 때문에 사람들과 싸운 게 진짜로 일어난 일이었더냐?"

"아니 그걸 왜 물으십니까? 설마 꿈이었나 싶어서 그러시는 겁니까?"

"대답이나 하여라. 딴소리 말고."

"네. 정말 있었던 일입니다. 바로 어제 일이었잖아요. 하마터면 크게 다치실 수도 있었던 위험천만한 순간이었어요."

"그럼 네가 나서서 나를 구해 준 것 또한 사실이냐?"

"그럼요. 바로 이 몸이 나서서 상황 정리하고 주인님을 구해 낸 거죠."

슐루터는 척 보기에도 우쭐한 모습이었다. 십여 명이나 되던 사람들 속에서 주인을 구해 냈으니 당연히 그럴 법했다.

"그래. 내가 네 덕을 크게 입었구나. 그 순간 제독의 이름을 빌려 사람들을 물리칠 생각을 어찌했지? 네가 말이 많다는 건 일찍이 알았다만, 말을 참 잘하더구나."

"말이 많으니 가끔 말 잘할 때가 있는 법이죠. 헤헤헤."

"말 많다는 내 말이 거슬렸구나. 하여간 고맙다."

"몸 상태는 어떠신지요? 어제 사람들 손 때문에 몇 군데 타박상을 입으셨어요. 힘드셨는지 일찍 잠이 드셨고, 이때까지 거의 12시간을 주무셨어요."

"평상시보다 많이 잤구나. 그래서 그런지 괜찮다. 이제 기운을 차려야지. 먹을 것 좀 갖다 주겠느냐?"

"네. 배고프실 것 같아 제가 잘 준비해 뒀습니다."

잠시 후 슐루터는 쟁반에 음식을 담아 가져왔다. 따끈한 수프를 먼저 내밀었다. 무슨 생각에서인지 데카르트에게 건네지 않았다. 숟가락을 들더니 수프를 떠서 데카르트에게 직접 먹여 줬다. 데카르트는 침대에 기댄 채 수프를 받아먹었다. 따뜻한 수프가 몸에 들어가자 온기가 온몸에 퍼졌다. 따뜻했다. 혼자가 아니라는 안도감이 데카르트의 맘마저 따뜻하게 했다. 빵과 차, 쿠키 몇 개도 슐루터가 먹여 줬다. 데카르트는 몸을 편안한 상태로 풀어 놓고 슐루터가 주는 대로 음식을 먹었다.

"아무래도 네덜란드를 떠나야 할 것 같구나."

뭔가 결심한 듯 데카르트가 혼잣말처럼 툭 내뱉었다. 힘이 없어 공중에 흩어져 버릴 정도로 가볍게 튀어나온 말에 슐루터는 놀랐다.

"네? 스웨덴으로 가시겠다는 말씀이신가요?"

"그래. 짐 정리를 하여라. 제독에게 가서 내일이나 모레 중 뵙자고 전해 주고."

"네……. 그런데 꼭 그렇게 하셔야 합니까? 어제 일 때문에 그리 결정하신 건가요?"

"……."

"기력이 약해져서 맘까지 상하신 거예요. 가기는 어디를 가신다고 그러세요. 주인님이 계실 곳은 스웨덴이 아니라 자유의 땅 네덜란

드예요. 며칠 쉬시면 예전 같은 힘을 회복하실 거예요. 그래서 다시
금 싸우셔야죠. 주인님에게 대적하는 무리에게 본때를 보여 주셔야
죠. 예전처럼요. 저는 그런 주인님의 모습이 늘 좋았어요."

"꼭 어제 일 때문만이 아니다. 내가 그렇게 일순간의 감정이나 생
각에 따라 결정을 내리는 사람이 아니란 걸 잘 알지 않느냐. 스웨덴
으로 가는 건 신의 뜻인 것 같다."

"신의 뜻이요? 신께서 나타나 그리 말씀이라도 하신 건가요?"

"그건 아니다. 신께서 꿈에……."

데카르트는 무심결에 이야기하려다 입을 다물었다. 슐루터에게
할 말은 아닌 듯싶었다. 침실 위에서 편안히 있다 보니 하인이란 걸
순간 잊은 탓이었다. 애정을 갖고 대해 주던 메르센의 어투와 슐루
터의 말투가 비슷하게 느껴졌다. 메르센의 꿈을 꾼 후라 그런지 슐루
터의 얼굴 위로 메르센의 얼굴이 포개졌다. 메르센과 대화를 나누는
것으로 착각했고, 꿈 이야기를 할 뻔했다.

"꿈이라뇨? 신께서 주신 메시지가 있으신 건가요?"

"아니다. 신경 쓸 거 없다. 쉬련다. 나가 주려무나."

슐루터는 주인의 심경에 어떤 변화가 일어나고 있다는 걸 직감
했다. 그러나 더는 캐물을 수 없었다. 자신은 그저 하인에 불과했기
때문이다. 주인의 요구에 따라 움직여야 하는 하인. 주인이 말해 주
지 않는다면, 주인에게 그 이상 묻거나 요구할 수는 없었다.

"주인님, 뭐 하나 여쭤 봐도 될까요?"

음식과 접시를 정리해 밖으로 가져다 놓고 온 슐루터가 나가기 전에 물었다.

"어차피 물어볼 거 아니냐. 뭐가 궁금한데?"

"어제 사람들은 모두 주인님을 반대하고 쫓아내려 했어요. 처음에는 환영하는 듯싶더니 나중에는 한통속이 돼 주인님을 내몰았죠. 서슴지 않고 폭행을 저지르려고도 했고요. 사람들은 왜 주인님을 그렇게 미워하고 반대하는 거죠? 듣기로는 지난 몇 년 동안 주인님이 심한 말싸움에 휘말리셨다면서요? 왜 그러는 거예요? 주인님이 뭘 하셨길래 저리 난리를 치는 거죠?"

"사람들이 날 미워하는 이유 말이냐? 하하하."

"네. 철학자이시니만큼 철학과 관련됐겠죠?"

"그렇지. 철학에서 어마어마한 일을 저질렀지. 그것 때문에 적들이 저리 난리 치는 거고. 그건 내 평생의 과업이자 운명이었어. 보통 사람들은 꿈조차 꾸기 어려운 작업이었지. 그런 생각을 해 본 사람도 별로 없을 만한, 그런 일이었어."

"그래요? 저 같은 사람은 들어도 이해하기 어려운 일이겠죠? 들어 보고 싶기는 한데……."

"허허허. 이야기해 달라는 거냐 말라는 거냐? 말을 참 교묘하게 하는구나. 나는 말이다……. 그렇지. 어제 일을 떠올려 보면 되겠구

나. 어제 사람들이 나를 왜 싫어한 건지 말해 보아라.”

슐루터는 데카르트의 질문을 받고 어제의 사건을 생각해 봤다. 사건의 처음부터 끝까지 하나하나 떠올리면서 그 원인을 찾아보려 했다.

“어제요? 글쎄…… 뭐라고 해야 하나…….”

“내가 그들을 미워하고 싫어했기 때문인가?”

“그렇지는 않았죠. 불쌍한 아이와 아빠, 사람들을 도와주려 하셨 잖아요.”

“그런데도 그들은 내 맘을 받아 주지 않고 밀쳐 냈잖아.”

“처음에는 분위기 좋았죠. 문제는 그 피 이야기가 시작되면서였 잖아요. 피 뽑지 말라고, 그래 봐야 좋을 게 없다고 하면서부터 분위 기가 싹 바뀌었죠. 그 이야기만 아니었어도 그런 일은 안 일어났을 텐데, 뭐하러 그 말씀을 하셨어요?”

“그렇지. 그 얘기 때문이었지. 그때까지 내게 호의적이던 사람 들도 나를 반대했고. 그런데 말이다. 말을 안 할 수 없었단다. 왜냐 면…… 사실 그대로니까. 피를 뽑으면 안 되니까. 피 뽑는 방법은 잘 못 알려진 미신이니까.”

“아…… 알겠네요. 그렇게 싫은 소리를 하니까 사람들이 주인님 을 싫어하는 거로군요.”

“그렇지. 정확히 말하자면 싫은 소리가 아니라 바른 소리를 하니까 그런 거지. 그들이 다 틀렸다고 해 버리니까 그들 모두가 싫어할 수밖에."

"그럼 주인님의 적들도 마찬가지겠네요. 그들에게는 뭐가 틀렸다고 하신 거예요? 피 뽑는 거? 그런데 그들은 의사가 아니잖아요. 대부분 성직자나 신학자, 교수, 철학자였는데."

"잘 아는구나. 난 그들에게 틀렸다고 했지. 뭐가 틀렸다고 했냐면…… 그들의 철학 모두가 통째로 틀린 거라고 했어."

"네? 모든 철학이 틀렸다고 하셨다고요?"

"그래, 그렇단다. 사실 그들의 철학은 출발부터가 잘못됐어. 그러니 모든 게 틀릴 수밖에."

"그분들이 화를 낼 만도 했네요. 그들의 인생을 통째로 부정해 버린 거나 마찬가지잖아요."

"그렇지. 그래서 그렇게 난리 친 거야. 나를 가만두면 그들의 삶이 불행해지거든. 나 하나만 없어지면 되니까 나를 공격했던 거야."

"주인님께서 그런 엄청난 일을 하셨단 말이에요?"

"그랬단다. 난 기존의 모든 철학을 부정해 버렸어. 피 뽑는 방법이 좋은 거라고 믿는 의사나 사람들에게 안 좋은 거라고 말한 것과 똑같아."

"어떻게 그럴 수 있죠? 모든 게 틀린 걸 알리려면 모든 걸 먼저 알아야 하잖아요. 주인님이 아무리 공부를 많이 하셨다고 해도 세상의 모든 일을 다 알 수는 없잖아요. 그러면서 그 모든 게 틀린 거라고 말할 수 있는 건가요?"

슐루터의 질문을 듣고 데카르트는 놀랐다. 하인으로만 생각했던 슐루터가 뜻밖에 예리한 질문을 던졌기 때문이다. 가볍게 웃고 말을 이어 갔다.

"제법이로구나. 그렇게 물을 줄도 알고. 네 말처럼 내가 모든 걸 다 아는 건 아니야. 하지만 내가 분명하게 알아낸 게 하나 있지. 공부를 좀 하고 나니 알겠더구나. 난 공부깨나 했다는 그 어떤 사람만큼은 공부해 봤거든.

지금 세상에는 어느 것 하나 분명하고 확실한 게 없어. 공부를 해 본댔자 헷갈리고 모호해질 뿐이야. 그게 왜 그러느냐 하면……. 어제 일을 떠올려 보자. 사람들은 피를 뽑는 게 치료에 도움이 된다고 믿어. 그런데 그 믿음은 어떻게 생긴 거지?"

"그거요? 저희 부모님도 그렇고, 오래전부터 많은 사람이 그렇게 말했기 때문이죠. 오랜 시간 동안 확인된 전통이겠죠."

"그게 문제야. 사람들은 보통 관습이나 습관을 통해서 지식을 얻어. 사회적으로 형성된 문화를 통해서 보고 듣고 생각하고 행동하지. 채혈만 하더라도 그 근거는 사실상 없어. 그럴 거라는 추측이고 생각일 뿐이야. 갈레노스라는 사람은 고대 의학을 대표하는 사람이야. 그런데 그의 의학은 고대 철학을 기반으로 했어. 그럴 거라는 추측이

믿음의 출발이야. 정확하게 확인된 사실이 아니지.

최근 하비라는 사람이 피에 대해서 아주 새로운 이론을 발표했단다. 그는 여러 동물을 대상으로 한 실험을 통해 피가 순환한다는 걸 밝혀냈어. 과학적인 조사와 결론이었지. 모름지기 지식이란 이처럼 확고한 기반을 통해서 형성돼야 믿을 수 있어. 예전의 지식은 그렇지 않아.

사람들의 지식이란 거의 모두 관습과 문화를 기반으로 해. 그런데 사회마다 관습은 다 달라. 같은 현상에 대한 지식도 다르지. 난 젊었을 적부터 여행을 많이 해 봐서 그걸 잘 알아. 도덕이나 윤리 같은 것도 마찬가지야. 선과 악에 대해서도 그 잣대가 사회마다 다르지.

사람들은 자기들이 알고 있는 지식이 다 옳다고 믿지만 거기에는 어떤 근거도 없어. 예전의 지식은 모두 신화나 신화와 비슷한 철학을 기반으로 하고 있기에 보나마나야. 그런데 새로 연구하는 과학은 좀 달라. 그건 실험과 조사를 통해 결론을 맺어 가거든."

"그래서 모든 지식이 다 틀렸다고 하신 건가요? 근거 자체가 없으니까 거들떠볼 필요도 없이 틀렸다는 말씀이신 거죠?"

"응. 그래서 난 전혀 새로운 방법을 시도했단다. 일단은 모든 걸 틀렸다고 보는 거야. 이 세상 모든 건 거짓이다. 나는 속고 있다. 사람들에게, 문화와 전통에게, 악마에게 심지어는 신에게도. 내가 지금 꿈꾸고 있을 수도 있지. 허황된 꿈, 잘못된 꿈, 말도 안 되는 악몽을!"

"네? 신에게도 속고 있고, 지금 이 순간이 꿈일 수도 있다고 생각한다는 거예요?"

"응. 정말 그럴 수도 있잖아. 우리가 속지 않고 있다는 걸 확신할 만한 근거는 그 어디에도 없어. 그럴 거라는 믿음뿐이지. 그렇다면 남는 건 딱 한 가지.

일단은 의심하고 부인하고 부정해 보는 거지. 사람들은 이걸 '방법적 회의'라고 해. 회의적인 태도의 방법을 취한다는 거지. 하나하나 의심해 보고 정말 의심할 수 없을 정도로 확실한 것만 옳다고 받아들이자는 게 내 철학의 출발이었어."

"음…… 참 엄청난 일을 하셨군요. 모든 게 잘못됐다고 했으니 사람들이 그렇게 미워할 수밖에 없었겠네요. 특히 성직자들은 더 그랬겠어요. 신앙의 출발은 믿음이잖아요. 믿음을 받아들일 때 신앙은 시작되는 건데, 의심부터 해 보라고 했으니. 아마도 죽도록 얄미웠을 거예요. 아니다! 사탄의 자식이라고 저주하고 없애려 했겠는데요."

4

생각하는 나는
의심할 수 없다

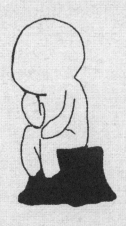

'슐루터! 생각보다 똑똑한 하인인걸. 내 말을 거의 다 알아듣다니.

말뿐만 아니라 말 속에 담겨 있는 철학도 꽤 이해하던데.

'회의'라는 방법이 얼마나 대단하고 위험하고 불순한가를 곧바로 눈치챘잖아. 믿음으로 시작되고 유지돼 오던 신앙의 세계가 회의와 부정의 시험대 앞에서 한순간에 날아가 버렸다는 걸 직감한 거잖아.'

데카르트는 침실에 누워 슐루터를 떠올렸다. 슐루터는 지루해하지도 않은 채 데카르트의 입에서 떨어져 나오는 말 하나하나를 주워 담았다. 그가 평소에 즐겨 쓰지 않았을 단어가 제법 있었을 텐데도 어려워하지 않았다. 기특하고 대견하고 놀라웠다. 정말 그는 언어에 소질이 있었다.

말을 하고 나자 이전보다 더 기운이 났다. 사람이란 게 육체의 힘만으로 살아가는 건 아니었다. 사람에게는 영혼이 있다. 영혼, 다른 동물에게는 없고 오직 사람에게만 있다. 사람이 사람일 수 있는 건 영혼이 있어서다. 그 영혼이 활발하게 움직이고 활동할 때 사람은 생기를 느끼게 된다.

자신이 정말 하고 싶은 것, 특히나 정신적이고 철학적인 활동일수록 영혼은 드높이 고양된다. 데카르트에게 있어서 철학이 그런 것이었다. 자신의 모든 걸 바쳐서 만들어 낸 철학이기에 자신보다 더 소중했다. 그 철학을 드러내지 못하고, 말하지 못할 때 그는 자신의 존재 자체가 부정되고 은폐돼 버리는 것 같았다. 그 철학이 공격받고 비판받을 때 자신의 몸이 찔리고 아팠다.

슐루터는 데카르트에게 생기를 불어넣어 줬다. 데카르트가 자신의 철학을 말할 수 있도록 해 줬다. 말이란 게 입만 있다고 되는 건 아니다. 손뼉도 마주쳐야 소리가 나듯이 말도 상대가 있어야 한다. 들어 주고 받아 주는 파트너가 있을 때에야 비로소 말은 즐거워진다.

생기가 조금 돌자 스웨덴에 가지 말까 하는 맘이 들었다. 굳이 스웨덴으로 가지 않더라도 문제 될 게 없을 것 같았다. 적어도 원점에서 다시 생각하는 게 좋을 것 같았다. 데카르트는 이랬다저랬다 하는 자신을 보며 쓴웃음을 지었다. 그래도 지금 심사숙고하는 게 나중에 후회하는 것보다는 나을 게 확실했다.

데카르트는 슐루터를 다시 떠올렸다. 그러자 예전에 있던 다른 하인 한 명이 떠올랐다.

생각하는 나는 의심할 수 없다

4

'장 지요'라는 하인이 있었다. 그 역시 데카르트의 생활을 돕던 하인이었다. 그러나 그는 데카르트가 자신의 '유일한 제자'라고 말할 정도로 데카르트의 총애를 받게 됐다. 나중에는 데카르트가 그를 추천해 수학자로서의 길을 가도록 도와줬다. 그는 포르투갈 왕실 수학자로서 삶을 살아가게 됐다. 그 과정에는 데카르트와의 만남이 있었다.

그의 재능을 알아보게 된 때는 데카르트가 불행과 슬픔에 잠겨 있던 시절이었다. 8~9년 전이었다. 그때는 데카르트가 사랑했던 사람들이 그의 곁을 떠나가 버렸다. 그의 아버지가 돌아가셨고, 그가 애지중지하던 어린 딸 프랑신도 병으로 죽었다. 설상가상으로 데카르트의 누나까지 유명을 달리했다. 한 사람도 아니고 여러 명을 저세상으로 보내면서 데카르트는 무척 힘들고 외롭게 보내야 했다.

데카르트는 이 고비를 넘기기 위해 연구에 전력하기로 맘먹었다. 연구를 통해 몸과 맘을 다른 데에 집중하려 했다. 연구란 결국 자기와의 싸움이었다. 외로워지는 건 어쩔 수 없었다. 외로워서 공부했고, 공부하다 보니 더 외로워졌다. 이때 지요와의 인연이 시작됐다.

데카르트가 수학 문제에 빠져 있을 때 그가 차와 간식을 가져왔다. 데카르트는 그걸 모른 채 수학에 열중했다. 계산을 할 때면 특히 집중했다. 중간에 하나라도 틀리면 답이 틀리고, 틀린 답으로 인한 수고는 말할 수 없을 정도였다. 단순하고 기계적이지만 틀릴 경우 치명적인 결과가 나오기에 그 어떤 것보다도 신경을 써야 했다.

"334에다가 47을 더하고, 29를 빼고, 이 결과를 16으로 나눠야 하네. 어디 보자. 334에 47을 더하면…… 381. 381에서 29를 빼면…… 362. 마지막으로 362를 16으로 나누면 계산 끝이지. 결과는 22.625. 엥? 소수가 나왔잖아. 소수가 아니라, 자연수가 나와야 하는데. 아, 계산을 다시 해야겠네. 거참, 계산은 짜증 난다니까."

"주인님! 제가 말씀드려도 될까요? 뺄셈에서 틀리셨는데요. 381에서 29를 빼면 362가 아니라 352입니다."

"어…… 그래? 어디 한번 계산해 보마. 이번에는 암산으로 하지 말고 식을 세워서 해 봐야겠어. 382-29는 …… 352가 맞는구나. 십의 자리에서 틀렸네. 그럼 여기서 다시 16으로 나눗셈을 하면……."

"주인님. 그건 22입니다."

"그래? 어떻게 그렇게 빠르게, 그것도 암산으로 계산할 수 있지?"

"제가 수와 계산에는 좀 빠릅니다. 특별히 배우지는 않았지만, 수는 매우 자연스럽고, 계산은 그냥 머릿속에 그려져요."

계산이 그려진다는 말에 데카르트는 직접 확인해 봤다. 사칙연산이 들어간 문제를 불러 주고, 지요의 답을 받아 하나하나 확인했다. 정말이었다. 그는 빠르면서도 정확했다. 데카르트는 놀랐다. 계산에서만큼은 지요가 자신보다 빨랐다.

데카르트는 지요에게 그의 암산법을 물었다. 어떤 식으로 하는지 머릿속의 과정을 말로 표현해 보게 했다. 처음에 그는 제대로 설명하지 못했다. 문제와 답만 툭 던져 놓았다. 데카르트는 그 과정이 무척 궁금했다. 지요가 계산하는 방법을 알고 싶었다. 그는 지요에게 생각을 말로 표현하게끔 도와줬다. 말을 가르쳤고, 필요하다면 그림이나 식을 사용하도록 일러 줬다.

그러자 지요는 계산 과정을 조금 더 상세하고 구체적으로 설명해냈다. 데카르트는 비약이 있는 과정을 찾아 중간 과정을 설명하도록 했다. 그 결과는 둘 다 만족스러울 정도였다. 데카르트는 계산 과정이 어떻게 되는가를 알게 됐다. 지요는 여러 가지 기법이나 말을 배웠을 뿐만 아니라 자신의 방법이 어떤 것이었는가를 깨닫게 됐다. 더불어 주인과 가까워졌고, 주인과 하인의 관계를 넘어선 대화를 나눌 수 있게 됐다.

"주인님, 하나 여쭤 볼게요. 계산에 관한 겁니다."

"그래, 물어보아라."

며칠 후 수학 이야기를 나누려고 할 때 지요가 먼저 질문이 있다면서 말을 꺼냈다. 데카르트는 반가웠다. 가르쳐 주는 대로만 공부하는 학생은 기대할 만한 학생이 아니라는 걸 그는 잘 알았다. 아무리 뛰어나더라도 그런 학생은 절대로 새로운 발견을 해낼 수 없다. 스승을 넘어서고, 무한한 변화와 발전이 가능한 학생은 그런 학생이 아니었다. 질문이 있는 학생, 누구도 던져 보지 못한 질문을 품고 공부하는 학생이 큰일을 해낼 수 있었다. 데카르트 본인이 그런 학생이었기에 누구보다 그 사실을 잘 알고 있었다. 지요의 질문이 반가운 이유였다.

"(83+714-337)÷2처럼 수를 주고 계산하라는 건 쉽게 하겠어요. 쭉쭉 계산해 가면 답이 저절로 나오니까요. 그런데 답을 먼저 주고 수를 찾아내라고 하면 잘 못 하겠어요. 방향이 조금 다를 뿐이어서 그렇게 어려울 것 같지는 않은데 해결할 방법을 모르겠어요."

"그 문제 말이냐? 방법이 있지. 그 방법만 안다면 너도 아주 쉽게 할 수 있단다. 가르쳐 주지. 이럴 때는 암산이 아니라 먼저 식을 세우면 좋단다. 이리 와서 앉아 보아라."

데카르트는 책상 건너편 의자에 지요를 앉혔다. 연필과 종이를 가져왔다. 마주 보면서 가르치려 하자 글자의 위치가 반대여서 불편했다. 데카르트는 지요에게 자신의 오른쪽에 앉혀 글자를 편하게 보도록 해 줬다.

"아주 쉬운 것부터 해 보자. 3+4는 7이지. 이런 식은 네가 아주 잘하는 거야. 그럼 문제를 바꿔 보자. 3에다 어떤 수를 더했더니 7이 나왔을 경우, 그 수를 구하는 문제로. 지요, 너라면 이 문제를 어떻게 풀겠니?"

"3에다 여러 개의 수를 더해 보는 거죠. 3을 더해 보고, 4를 더해 보고, 5를 더해 보고."

"그렇지. 넌 계산이 빠르니까 그 방법이라면 꽤 많은 문제를 풀어낼 수 있을 거야. 하지만 50,834에다 어떤 수를 더했다가 9,281을 뺐더니 72,004가 나왔다는 문제일 경우, 어떤 수부터 더해 갈 거냐? 1부터 차근차근 넣어 볼 거야?"

"결과를 보고 적당해 보이는 수부터 넣어야지요. 그래도 어렵긴 하네요."

"그럴 때 식을 쓰는 거란다. 3에다 어떤 수를 더하면 7이다. 이걸 식으로는 3+○=7. 이 식을 잘 이용하면 답을 쉽게 구할 수 있어. 두 수를 더해서 7이 나왔다면 7에서 3을 빼면 무슨 수가 나오겠니?"

"그야 당연히 우리가 알고 싶은 수가 나오겠죠."

"그래. 이걸 다시 써 보자. 우린 3+○=7이란 식에서 7-3=○를 얻어 냈어. 그럼 ○를 쉽게 구하게 돼. 수가 크고 복잡할수록 이 방법은 더 효과적이야. 아까 두 번째 문제를 식으로 나타내면 50,834+○-9,281=72,004가 돼. 여기서 ○는 72,004-50,834+9,281이야. 알겠니, 지요?"

"와, 신기하군요! 식을 이용하니 모호했던 문제가 정말 쉬워졌어요. ○는 30,451이네요."

"방법이 중요하단다. 방법에 따라 풀리기도 하고 안 풀리기도 하지. 풀리는 것도 쉬워지기도 하고 어려워지기도 하고. 난 ○와 같이 아직 모르는 수를 a, b, c나 x, y, z 같은 문자로 표기하기 시작했단다.

그런 수를 미지수라고 해. 값이 정해져 있지만 모르는 상수일 경우는 a, b, c를 사용하고, 값이 변하면서 모르는 변수일 경우는 x, y, z를 사용했지. 간편할 뿐만 아니라 수라는 느낌도 줄 수 있어."

데카르트는 수와 계산으로부터 방법의 중요성을 심어 줬다. 자연수에만 익숙하던 지요에게 분수와 소수를 가르쳤고, 수를 문자로 표현하는 대수도 가르쳤다. 지요는 가르치는 족족 이해를 잘했다. 숙제를 내 주면 하나도 빠짐없이 해 왔다. 피곤하다거나 지루한 기색은 전혀 없었다. 데카르트도 신이 나서 가르쳐 주었다. 그 경험은 그의 신념 중 하나를 확인시켜 줬다.

사람에게는 생각하는 능력인 이성이 있다. 데카르트는 이성이 골고루 분배되어 있다고 생각했다. 누구에게는 이성이 많다거나 훌륭하다거나, 누구에게는 이성이 없다거나 볼품없다거나 한 것이 아니었다. 이성만큼은 신께서 평등하게 나눠 주셨다. 그 이성을 얼마나 제대로 활용하느냐에 따라서 생각하는 능력이 달라졌다. 이때 중요한 게 방법이었다. 적절한 방법만 사용한다면 누구나 이성의 힘을 제대로 발휘할 수 있다. 좋지 못한 방법이거나 방법 자체도 없이 이성을 쓰기 때문에 문제가 발생하는 거였다. 지요의 예는 그 신념이 옳았다는 것을 분명하게 보여 줬다.

지요는 수와 계산을 넘어 대수, 방정식 그리고 기하 쪽으로도 영역을 확장해 갔다. 모두 데카르트의 가르침과 배려 때문이었다. 데카르트는 훌륭한 선생 역할을 톡톡히 해냈다. 지요는 훌륭한 학생의 본보기였다. 데카르트는 좌표에 대한 지식도 전달해 줬다. 좌표는 수학의 역사에 있어서도 획기적이라 할 만한 발견이었다. 데카르트에 의해 훌륭하게 정립된 최신의 학문이기도 했다. 지요는 데카르트 덕택에 좌표라는 새 제품을 사용해 보는 호사를 누렸다.

지요는 계속 성장했고, 그 성장을 지켜본 데카르트는 흐뭇했다. 그는 지요의 주인이기 이전에 지요의 선생이자 동료였다. 그런 지요를 하인으로 계속 두고 싶지 않았다. 수학이란 날개를 달고 그가 수학자로서의 삶을 살아가길 바랐다. 데카르트는 그런 기회를 직접 마련해 주고자 했다. 지요는 지금 그의 바람대로 수학자로 살아가고 있다.

"주인님, 세상에 정말 믿을 만한 건 없는 건가요?"

슐루터가 일하다가 데카르트에게 무심코 물었다. 그는 침대 이불을 바꾸는 중이었다. 데카르트의 기분을 좋게 해 주려고 뽀송뽀송하게 잘 말린 이불을 가져왔다.

데카르트는 창가 옆 의자에 앉아 있었다. 창가에는 정사각형 모양의 테이블과 의자 하나가 항상 놓여 있었다. 그곳에서 데카르트는 밖을 쳐다보며 세상 구경을 하곤 했다. 오가는 사람들, 날아가는 새, 하늘과 바람을 바라보며 골똘히 생각에 잠기곤 했다. 때로는 눈을 감고 의자에 기댄 채 가만히 있었다. 그러다가 문득 뭔가가 생각났을 때는 눈을 뜨고 테이블 위에 놓여 있는 종이에 글을 적어 나가곤 했다.

"아니, 그게 무슨 말이냐? 믿을 만한 게 없기는 왜 없다는 거야?"

데카르트는 슐루터에게 되물었다. 질문의 의도도 파악하고, 슐루터의 자질을 떠보고 싶어서였다.

"모든 걸 의심하고 부인한다고 해 보세요. 그런 식이면 의심스럽지 않은 게 뭐가 있겠어요?

부모 자식 관계만 해도 그렇죠. 저는 제 부모님이 저를 낳아 주셨다고 알고 있었어요. 그런데 주인님의 방법을 따라 그 사실을 의심해 봤어요. 지금의 부모님이 과연 나를 낳았을까? 그걸 어떻게 확인할 수 있죠? 부모님이 저를 낳으셨다지만 저는 그걸 본 적이 없어요. 생김새가 비슷하고, 부모님이나 주위 분들이 그랬다고 해서 그렇게 알고 있었죠. 하지만 그걸 믿게 해 줄 확실한 근거나 증거는 없어요.

뭐든 의심부터 해 나간다면 정말 옳다고 할 만한 게 있을 수 있나요? 우리가 진짜라고 여기고 있는 모든 일이 진짜인지 의문이 들어요. 이래 가지고 어떻게 살아가나요? 모든 게 바람처럼 일어났다가 사라지는 풍문 같은 거 아닌가요? 꿈같기도 하고."

"왜 진실이 하나도 없을까 봐 겁나는 게냐?"

"그런 것까지는 아니에요. 다만 정말 의심부터 하면서 생각하고 살아간다면 살아가기가 너무 힘들 것 같아서요. 뭐가 맞고 틀린지 확신할 게 하나도 없는데 얼마나 힘들겠어요."

"하하하. 의심의 위력을 맛 좀 본 게로구나. 그런데 말이다. 의심 한다고 해서 옳은 게 하나도 없다고 이야기하는 건 아니란다.

방법적 회의라는 걸 잘못 이해한 사람들은 날 비판하곤 했단다. 그럼 이 세상에 진실이나 진리란 전혀 없느냐고? 신도 없다고 하는 거 아니냐고?"

"당연히 그럴 만하죠. 신도 있는지 의심해 봐야 하는 거잖아요. 교회에서 주인님을 곱게 보지는 않았겠어요."

"그래. 성직자나 교회에서는 나를 그렇게 봤고, 그래서 미워하고 증오했지. 하지만 그들은 나를 제대로 이해하지 못한 거야. 나는 사실상 정반대의 입장인데 그걸 못 본 거지.

난 아무리 의심해도 의심할 수 없는 진리가 반드시 있다고 생각했어. 신도 마찬가지로 반드시 존재하고. 나의 의심은 그런 신념을 근거로 한 거였단다. 신이나 진리를 확실히 증명할 수 있다고 믿었어. 그래서 나는 교회 앞에서도 당당했지. 사람들은 그런 내 속마음과 의도를 하나도 모르더구나. 알려고 하지도 않았지. 그저 의심이란 말에 집착해 무조건 반대만 하려고 했어."

"저도 의심이란 말이 너무 강렬해서 혼란스럽던데요. 괜히 혼란스럽게 하려는 의도가 있었던 게 아닌가 하는 의심도 들었어요. 어쨌건 다행이네요. 살아날 구멍이 있다는 말씀이시잖아요."

데카르트는 의심이라는 말 너머에 있는 자신의 의도를 알아주는 슐루터가 고마웠다. 많이 배웠다는 성직자나 교수보다 하인이 더 나아 보였다. 자신을 알아주는 이가 곁에 있다는 게 새삼 다행스럽고 행복하게 느껴졌다.

"주인님, 그런데 그런 진리가 있다는 걸 어떻게 확신하세요? 그런 진리를 찾아내기라도 하셨어요?"

"그럼 찾아냈지. 의심이라는 방법을 택한 후로 내가 찾아 나선 게 바로 그거였단다. 온 세계 사람들이 아무리 의심하더라도 의심할 수 없는 그런 진리를 찾는 게 목표였지.

의심한다는 건 어떤 사실의 근거를 더 깊게 묻는 거야. 집으로 치면 집의 토대를 묻는 거와 다름없지. 단단하고 흔들림 없는 토대가 있어야 그 위에 집을 지을 수 있잖아. 나는 철학에서 그런 토대를 찾으려 했어. 그걸 찾아야만 그것 위에 새로운 철학을 세울 수 있다는 걸 알았거든."

"결국 그걸 찾으셨다는 거죠?"

"응. 그걸 찾는 데 참 많은 시간과 노력이 필요했단다. 그건 책에 있지 않았어. 책에 없다는 걸 나는 학교에서 깨달았지. 학교 공부에서는 의심만 쌓일 뿐이었어. 모든 게 혼란스럽고 거짓말 같고 의심스

생각하는 나는
의심할 수 없다

4

러웠지. 나도 공부를 할 만큼 했거든. 지금 교수를 하고 있는 친구들만큼은 했지.

난 세상이라는 책에 눈을 돌렸단다. 책에 없다면 어디 있겠어? 난 세상이라고 확신했어. 그래서 난 책을 덮고 세상을 두루두루 여행하며 돌아다녔지. 여행이라고 말하며 돌아다녔지만 실은 진리의 토대를 찾아 나서려고 했던 거야."

"그렇게 많이 돌아다니셨어요?"

"그럼. 난 이것저것 경험을 많이 했단다. 유럽의 거의 모든 나라를 다 돌아다녀 봤지. 동서남북을 휩쓸고 다녔어. 젊었을 적에는 파리의 한복판에서 친구들과 음주 가무에도 푹 빠져 봤고. 심지어는 전쟁판에도 들어가 봤지. 전쟁만큼 삶의 불운과 아픔이나 슬픔을 적나라하게 보여 주는 곳은 없잖아. 난 정말 인생이라는 여행지를 떠돌았던 여행객이었어. 다양한 연극이 펼쳐지는 인생이라는 무대를 유심히 관람한 관람객이었고. 기나긴 세월의 방랑이었지만 후회 없는 삶이었단다."

"세상이라는 책, 참 멋진 말인데요. 그 책에서 찾아낸 그 진리의 토대가 뭐였어요? 무척 궁금해요."

"그건 말이다. 그게 뭐냐면……."

그때 문밖에서 두드리는 소리가 세 번 울렸다. 중요한 이야기를 하려고 데카르트가 입을 다물고 준비하고 있던 찰나였다. 무르익은 분위기에 푹 빠져 있던 슐루터는 몹시 실망했다. 데카르트는 말하려던 입을 아예 다물었다. 슐루터가 문으로 다가가 문을 열었다.

"안녕하세요, 제독님."

슐루터가 인사했다. 며칠 전 찾아왔던 스웨덴 제독이었다. 갑자기 무슨 일인가 하고 슐루터는 놀랐다.

"주인님께 내가 왔다고 전하거라. 만나 뵈어야겠다."

제독의 말은 짧고 굵었다. 진하고 테두리가 확실한 그의 콧수염처럼. 농담이나 웃음을 찾아보기 어려웠다. 그는 늘 주어진 명령이나 임무를 완수하기 위한 말만 하는 것 같았다.

"네, 알겠습니다."

슐루터는 그렇게 말하고 방으로 들어갔다. 창가 의자에 앉아 있던 데카르트가 고갯짓으로 무슨 일인가 하고 물었다.

"제독님께서 찾아오셨습니다. 뵙고 싶어 하십니다."

데카르트의 얼굴이 굳어졌다. 밀린 숙제를 검사하러 온 선생님을 앞에 둔 학생 같았다. 데카르트의 기분 변화를 알아챈 슐루터는 주인을 측은한 마음으로 바라봤다.

"음…… 무슨 일일까? 일단 들어오시라고 하여라."

"네."

슐루터는 밖으로 나가 제독을 안으로 모셨다. 제독의 묵직한 장화 소리가 고요한 방 안으로 퍼져나갔다. 제독은 창가 테이블로 다가

가 데카르트에게 인사를 했다. 슐루터는 의자를 가져다 제독이 앉도
록 했다.

"안녕하셨습니까?"

데카르트는 인사를 먼저 건네며 악수를 청했다. 슐루터에게 차
와 쿠키를 가져오라고 했다. 슐루터는 준비하러 밖으로 나갔다.

"안녕하지 못합니다. 어제 사람들로부터 공격을 당하셨다면서
요? 괜찮으십니까?"

제독은 데카르트의 안부를 물었다. 그러나 그건 데카르트를 향
한 진심 어린 안부가 아니었다. 아마도 자신의 임무를 수행하지 못할
수도 있다는 걱정으로부터 나온 듯했다. 사무적인 말투라는 걸 금방
느낄 수 있었다.

"공격이라고 할 건 아니었습니다. 보시다시피 저는 멀쩡합니다.
염려해 주셔서 감사합니다."

데카르트 역시 의례적이고 사무적인 말로 고마움을 표시했다.
그때 슐루터가 차를 가져왔다. 테이블에 차를 가지런히 내려놓고 인
사를 한 후 나가려 했다. 데카르트는 슐루터를 불러 나가지 말고 문
옆에서 기다리라고 했다.

"용건을 말씀드리겠습니다. 저는 본국에 공식 문서를 요청해 놓
았습니다. 말씀하신 것처럼 제가 여왕으로부터 임무를 부여받았다
는 것을 확인하는 문서죠. 오래 걸리지는 않을 겁니다. 그 문서가 당

도하면 보여 드리고 모셔가도록 하겠습니다. 그런데 걱정거리가 하나 있습니다.

어제 데카르트 님은 이곳 사람들로부터 공격을 당하셨습니다. 그 사건을 전해 듣고 저는 무척 놀랐답니다. 앞으로 그런 일은 또 일어날 수 있습니다. 하여 제가 데려온 군사들을 이곳에 배치해 데카르트 님을 보호해 드리고 싶습니다. 아시다시피 지금 스웨덴은 유럽의 강국으로 우뚝 선 상태인지라, 스웨덴의 군사들이 지키고 있다는 사실만으로도 안전을 보장받으실 수 있을 겁니다."

"아니 누구 맘대로 군사를 보내신다는 겁니까? 이곳에서 아무 일 없이 오랫동안 잘 지내왔습니다. 호의는 감사합니다만 그러지 않으셔도 됩니다."

"제 입장을 좀 고려해 주십시오. 저는 데카르트 님의 예정에 없던 요구를 받아들였습니다. 그만큼 저의 체류 기간도, 임무 완수의 시점도 지연되고 있습니다. 그거야 그렇다지만 만약 데카르트 님께 무슨 일이 생겨 임무를 수행하지 못한다면 저의 체면이 말이 아니게 됩니다. 그러니 저의 제안을 받아 주시지요. 아니면 지금 당장 짐을 챙겨 스웨덴으로 가시던지요."

스웨덴행 이야기를 듣고 데카르트는 움찔했다. 그러고 싶지 않았다. 지금은 때가 아니었다. 잠시 생각했다. 그의 제안을 거절하면 제독은 분명 더 귀찮고 성가시게 할 게 뻔했다. 자신의 임무를 완수하기 위해서. 제독의 얼굴을 불편한 상태에서 계속 마주 보고 싶지 않았다. 차라리 그의 제안을 받아들이는 게 나을 것 같았다.

"알겠습니다. 대신 군사가 집 안에 들어오는 것은 곤란합니다. 어차피 바깥사람들에게 보이기 위한 것이니 집 밖에서 경비를 서는 것으로 해 주십시오."

제독은 데카르트의 요구를 받아들이겠노라고 했다. 그는 자신의 제안을 데카르트가 받아 주자 기분이 좋아졌다. 자신의 체면이 서고, 뭔가를 하고 있다는 느낌이 들어서였다. 제독은 인사를 하고 나갔다. 나가자마자 부하에게 명령을 내려 경비를 서게 했다. 그는 데카르트에게 부하인 라세를 인사시켰다. 그가 경비의 책임자라고 알려 줬다.

데카르트는 창가 의자에 앉았다. 창문 아래로 정원과 정원을 둘러싼 울타리가 보였다. 울타리는 어른의 어깨 정도 높이의 측백나무였다. 2층 창문에서 바로 내려다보이는 곳에 집으로 들어오는 출입구가 있었다. 집으로 들어오는 사람이나 집 앞을 지나가는 사람들이 잘 보였다.

평상시와는 다른 풍경이 눈에 확 들어왔다. 제독의 부하들이었다. 길을 지나던 사람들도 경비를 서고 있는 군인들에게 어색한 눈길을 줬다. '이건 뭐지?' 하는 표정이었으나 감히 묻지는 않았다.

군인의 출현은 많은 변화를 가져왔다. 그로 인해 사람들이 데카르트를 달리 본 건 사실이었다. 스웨덴 여왕으로부터 보호를 받고 있다는 걸 마을 사람들은 확실히 깨닫게 됐다. 예전에 길거리에서 데카르트에게 말썽을 부린 사람들은 혹여나 그 일 때문에 곤란한 일이 생기지는 않을까 걱정했다. 제독은 데카르트 몰래 그들을 만나 경고의 메시지를 전했다. 앞으로 또 그런 일이 일어나면 가만있지 않겠다는 의지를 분명하게 보였다.

제독과 군인들로 말미암아 사람들은 데카르트를 경계하기 시작했다. 군인이 지키고 있는 집에 들락거리는 것을 더 꺼렸다. 데카르트를 둘러싼 이야기가 사람들 사이에서 번져 나갔다. 불만을 표시하는 사람도 많았다. 평화롭던 마을에 불쑥 등장한 군인을 불편해했다. 데카르트가 마을 사람들을 믿지 못하고 있다고 수군댔다. 자신들이 마치 도적이나 강도가 돼 버린 듯한 불쾌감이 든다고 속닥거렸다.

경비를 선 군인은 네 명이었다. 네 개의 점에 불과했지만 그 점으로 인해 생긴, 보이지 않는 선은 마을과 데카르트를 안과 밖으로 구분해 버리는 효과를 가져왔다. 마을 사람들은 데카르트를 더는 마을 구성원으로 생각하지 않으려 했다. 결과적으로 데카르트는 집에 갇히는 꼴이 돼 버렸다. 경계란 그리 무서운 것이었다.

"주인님, 저 군인들 돌려보낼 수 없나요?"

"왜?"

생각하는 나는 의심할 수 없다

4

"불편한 게 한두 가지가 아니에요. 총을 볼 때마다 가슴이 섬뜩해져요. 집이 아니라 군대의 막사 같은 느낌이라고요. 게다가 저 군사들 뒤치다꺼리가 얼마나 힘들다고요. 삼시 세끼 대접해야지, 옷이며, 신발이며 신경 쓸 게 얼마나 많다고요. 이래라저래라 하는 요구는 또 얼마나 많은데요. 주면 주는 대로 받아들일 것이지, 자기네 방식이랑 다르다면서 이렇게 해 달라 저렇게 해 달라 말이 많아요. 특히 책임자인 라세는 거들먹거리면서 거실이나 주방을 맘대로 들락거린다고요."

슐루터의 말을 듣고 보니 그럴 법했다. 데카르트는 방에 있어서 잘 몰랐을 뿐이었다. 손님을 집에 모신다는 것, 특히 군인을 챙겨 준다는 게 무척 피곤할 것 같았다. 집이 아니라 막사 같다는 말은 딱 맞았다. 데카르트도 집 안팎에서 군인들을 마주친다는 게 여간 어색하고 불편했다. 그는 그렇게 자신의 입지가 줄어들고 있고, 마을과 유리돼 가고 있다는 걸 조금씩 의식했다.

데카르트는 조급한 맘이 들었다. 자신의 앞날을 빨리 결정해야겠다는 의무감이 느껴졌다. 이 모든 일은 자신의 미적거림 때문에 발생했다. 언제까지 이렇게 마냥 기다릴 수는 없었다.

비가 추적추적 내렸다. 하루하루가 더디게 그리고 천천히 흘러갔다. 시간이 멈춰 버린 듯했다. 데카르트는 창가에 앉았다. 빗소리를 홀로 듣자니 또 외로워졌다. 군인들이 경비를 선 이래 외로움은 더 진해졌다. 사람과 말할 기회는 더 줄어들었고, 그만큼 데카르트는 생기를 잃어 갔다. 말을 하고 싶어졌다. 일부러라도 말을 해야 했다.

"슐루터, 내가 발견한 진리가 뭐냐고 물었지? 내가 그 이야기를 해 주마."

따끈한 차를 가져온 슐루터에게 데카르트가 무심한 듯 말했다. 그 말을 늘 기다려 왔던 슐루터는 활짝 웃으며 반겼다.

"그건 말이다. 별거 아니라고 생각할 수도 있을 거야. 그건…… 내가 있다는 거였단다."

"내가 있다는 거요? 그거야 당연한 거죠. 내가 있으니까 오늘도 밥 먹고 이야기하고 돌아다니죠. 그걸 진리라고 말할 수 있나요?"

"내 이야기 들어 봐. 여기서 나라는 건 네 생각과 달라. 몸이 아니야."

"몸이 아니라고요? 무슨 말씀이세요? 몸이 있다는 건 삼척동자도 아는 사실 아닌가요?"

"몸이 있는 것 같지. 하지만 이것도 꿈일 수 있잖아. 진짜처럼 만지고 있는 이 몸도 거짓일 수 있잖아. 이게 진짜인지 거짓인지 구분할 방법이 사실 없어. 그러니 몸도 불확실한 거야."

"아, 또또 의심이시네. 그렇게까지 의심하면 나도 다 사라지는 거 아닌가요?"

"그렇지 않아. 몸은 거짓일 수 있다고 치더라도 남는 게 있지. 그게 뭘까?"

"글쎄요. 이것도 저것도 거짓일 수 있다고 만날 의심만 하고 있으니 남아나는 게 있을까요?"

"그거야, 그거. 사실로 알고 있는 모든 일이 거짓일 수 있지. 하지만 그 순간에도 우리는 의심하고 있잖아. 그것만큼은 확실하지. 의심하고 있는 나! 그게 바로 내가 찾은 진리의 토대였어. 우린 몸을 갖고 있어서 몸이 자신이라고 생각하지만, 그것 역시 확실하지 않아. 진짜 확실한 것은 우리가 생각하고 의심하고 있다는 것뿐이야.

사람의 본질은 생각 또는 사유에 있어. 생각하는 나, 사유하는 나가 진짜 나인 거야. 생각이란 건 몸과 전혀 다른 성질을 갖고 있어. 조금 어려운 말로 하면 생각 또는 사유가 인간의 진짜 실체인 거야."

"그럼 제 몸은 없는 거예요?"

"그 뜻은 아니야. 정말 확실히 있는 건지 아직 확인하지 않았다는 거지. 그걸 확인해야 결론을 내릴 수 있어. 다만 생각한다는 게 몸이 있다는 것보다 더 확실하다는 거야. 사람들의 일반적인 생각과는 다르지."

"그런데 몸이 있으니 생각할 수 있는 거 아니에요? 정말 생각하는 나가 확실한 거라면, 몸은 더 확실해야 하는 거 아닌가요?"

"충분히 그렇게 생각할 수 있어. 그 맘은 이해해. 하지만 몸과 정신은 전혀 달라. 둘은 완전히 서로 구분돼. 몸 따로 정신 따로야. 몸이 있어야만 정신이 있는 게 아니야. 몸과 상관없이 정신은 존재하고 생각할 수 있어."

"그게 흔히 말하는 영혼을 뜻하는 거지요?"

"그렇지. 영혼은 사람에게만 있는 거야. 그 영혼의 주요 기능은 생각하고 사유하는 것이야. 그것만큼은 확실해."

"알 듯 말 듯 알쏭달쏭하네요. 내가 지금 보고 만지고 있는 이 몸이 확실하다고 말할 수 없다니."

슐루터는 무척 당혹스러워했다. 자신의 손을 만지작거려 보기도 하고, 자신의 뺨과 얼굴을 어루만져 봤다. 손을 타고 피부의 느낌이 전해져 왔다. 그것을 확실히 느낄 수 있었다. 그런데도 주인은 그게 확실하지 않다고 말했다. 억지로 우긴다는 느낌이 강하게 치밀었다. 반박하고 싶어졌다. 너무나 당연한 것을 몇 마디 말로 불확실하게 둔갑시켜 버린 게 영 못마땅했다.

"생각하는 게 사람의 진짜 모습이라면, 생각을 잘 못하거나 수준이 낮은 사람은 사람답지 않은 사람인 건가요? 주인님처럼 생각을 잘하는 분과 저처럼 평범한 생각 속에서 사른 사람은 사람됨에서 차이가 나겠군요."

"음……. 그렇지. 생각을 얼마나 깊고 정확하게 하느냐가 그 사람의 사람됨을 보여 주는 거란다. 생각하는 능력이 발달하지 못한 미개인들은 형상은 사람이로되 사람다운 사람이라고 보기는 어렵지."

이 말에 슐루터는 기분이 상했다. 자신이 미개인은 아니지만, 생각의 수준이 뛰어나다고 보기는 어렵다는 생각 때문이었다. 이제껏 그는 자신을 사람이 아니라고 생각해 본 적이 없었다. 눈과 귀가 각각 두 개, 코와 입, 손과 발이 있으니 당연히 사람이었다. 그러나 데카르트의 말에 따르면 모습이란 건 확실한 게 아니었다. 그것으로 사람이냐 아니냐를 판가름하기는 어려웠다. 사고 능력, 이것만이 사람임을 증명하는 증거였다. 그 증거에 슐루터는 자신이 없었고, 고로 기분이 좋지 않았다. 꼬투리를 잡고 싶어졌다. 데카르트의 말에 문제가 있다고 트집 잡고 싶었다.

"이건 어떻게 되죠? 주인님처럼 생각을 잘하시는 분이 피곤해서 잠들었어요. 자는 동안 우리는 생각하지 않죠. 그럼 그때의 사람과 생각하고 있을 때의 사람은 같은 건가요, 다른 건가요? 자는 동안은 미개인보다도 생각을 하지 않잖아요. 아니 생각 자체를 안 하잖아요."

이번에는 데카르트가 뜨끔한 표정이었다. 시원시원하게 이야기를 이끌어 오던 지금까지의 태도와는 달리 주춤했다. 그 모습을 본 슐루터는 속으로 웃었다. 아무 말도 않고 있을 수는 없었기에 데카르트는 어렵게 말을 이어 갔다. 얼버무리며 대충 넘어가 볼 작정이었다.

"그건 영혼이 잠시 쉬고 있는 거지. 육신의 활동이 강력한 때니까……."

"아까 주인님은 영혼과 육신은 아무런 상관이 없다고 하셨잖아요. 육신이 잠들었다고 영혼이 생각하는 걸 멈춘다면 영혼과 육신이 상관있다는 거 아닌가요?"

슐루터의 질문은 날카로웠다. 데카르트는 할 말이 없었다. 슐루터는 데카르트의 말을 충분히 이해할 뿐만 아니라 그 주장의 틈새를 예리하게 파고들 줄 알았다.

영혼과 육신의 관계? 참 어려운 문제였다. 데카르트는 서로 무관한 것이라고 주장하기는 했지만, 잠이 들거나 아플 때만 보더라도 정신이 육신과 관계가 있다는 징후는 여러 군데서 찾을 수 있었다. 명확히 구분된다는 주장에 대해서 스스로 의심해 보기도 했다. 완전한 이론을 만들려고 시도했으나 딱히 찾아내지를 못했다.

데카르트가 육신과 영혼의 분리를 주장한 것은 과학적인 주장이라기보다는 철학적 입장에서의 주장이었다. 그럴 수밖에 없는 입장이 반영된 것이었다.

데카르트가 보기에 그 시대에 가장 필요한 것은 명료한 사고였다. 그러기 위해서는 어떤 요인에 의해서도 영향받지 않고 생각하고 판단할 수 있는 생각의 자유가 필요했다.

사람들은 주로 보는 대로 생각한다. 외부의 영향을 따라 생각한다. 생각은 만들어지는 것이었지 자유롭게 구성해 가는 것이 아니었다. 전통이나 문화, 지위, 권위가 우선이었다. 오래된 관습에 따라, 높은 지위의 사람이 요구하는 바에 따라, 교회와 성서라는 권위에 따라, 아리스토텔레스 철학에 따라 생각해야 했다. 자유롭게 생각 좀 할라치면 걸리적거리는 게 많았다. 무엇 하나 자유롭게 생각할 여지가 없었다.

아리스토텔레스 철학은 가장 큰 걸림돌이었다. 아리스토텔레스는 모든 사물의 운동에는 목적이 있다고 했다. 운동하는 이유는 그 사물이 갖고 있는 고유한 목적을 이루기 위해서였다. 고로 그 목적을 아는 것이 중요했다. 그 목적을 모르고서 그 사물에 대해서 이러쿵저러쿵 이야기하는 것은 어불성설이었다. 그 목적이란 궁극적으로 신의 뜻으로부터 유래했다. 그 뜻 안에서 생각해야 했다. 아리스토텔레스 철학은 과학을 필두로 한 새로운 생각이 자라날 틈을 주지 않았다. 새로운 생각을 억눌러 버렸다.

자유로워지고 싶었다. 이성에 근거해 자유롭게 생각하고 싶었다. 맘껏 생각하며, 분명하고 확실한 생각에 다다르고 싶었다. 권위와 전통에 힘입어 생각하고 싶지 않았다. 그러기 위해서는 생각을 환경이나 전통으로부터 분리하고 독립시켜야 했다. 그러지 않고서 새로운 철학을 정립하고, 주장하기란 불가능했다. 기존 철학의 제약과 답답

함에 진저리 난 데카르트로서는 기존 철학으로부터 전통과 권위라는 보호막을 없애 버려야 했다. 그래야 승산이 있었다.

전통과 권위는 사람으로 치면 육신과도 같았다. 데카르트는 육신보다 생각을 더 우선하려 했다. 생각이 육신과는 무관하다고 주장함으로써 생각의 독립적인 지위를 보장해 줬다. 육신과 영혼의 분리를 주장한 데에는 그런 계산과 철학이 깔려 있었다.

영혼과 육신의 분리는 과학에 정당성을 부여하는 데에도 효과적이었다. 데카르트는 당대에 일어나고 있던 과학적 태도와 지식이 옳다고 확신했다. 천동설이 아닌 지동설이 옳다는 것을 자신도 분명하게 깨닫고 있었다. 하지만 당대의 과학 역시 교회와 성서의 권위 아래에 있었다. 갈릴레이가 지동설을 부정할 수밖에 없었던 사건은 그런 관계를 잘 보여 줬다.

과학이란 사물과 사물의 관계를 원인과 결과 관계로 파악해 가는 태도였다. 특히 근대과학은 그 관계를 수치화하여 수학적으로 해석해 가고자 했다. 과학의 가능성은 무궁무진했다. 이것저것 따질 필요 없이 사물의 움직임을 수로 포착해 해석하면 끝이었다. 그러나 기존 철학은 이 방법을 인정하지 않으려 했다.

아리스토텔레스 철학에서 운동은 목적 때문에 발생했다. 영혼이 육신의 근본 원인이었고, 운동의 주체였다. 영혼이 우위에 있고, 그

지위를 통해서 육신을 주관해 갔다. 육신이 그렇게 영혼과 연결돼 있듯이, 과학 또한 철학과 그렇게 연결돼 있어야 했다. 우선적인 지위는 과학이 아닌 철학이나 신학에 있었다. 과학에도 자율성은 별로 없었다.

영혼과 육신을 분리해 버린다면 과학을 달리 볼 수 있었다. 영혼은 육신에 관여하지 못한다. 영혼을 타고 들어오는 신의 뜻이나 철학이 과학에 닿지 않게 된다. 그럼 육신은 어떻게 되나? 예전 같으면 영혼 없는 육신은 탯줄이 끊어진 태아가 되어 죽었다고 했을 것이다. 하지만 육신은 원래부터 영혼과 분리된 것이었다.

영혼 없는 육신? 이 육신을 주관하시는 이는 신이다. 신은 이 육신이 철저한 인과관계에 의해 돌아가도록 설계해 놓으셨다. 처음 창조하신 이래 육신이나 사물은 신의 법칙에 따라 정확하게 돌아갔다. 사람의 몸이나 동물, 식물은 많은 부속품이 결합되어 움직이는 시계와 같았다.

고로 과학이 가능했다. 철학적 입장을 고려할 필요 없이 변화를 인과관계로 파악하는 게 과학이므로, 과학은 신이 창조하신 물질세계의 법칙을 규명해 가는 역할을 충실히 해낼 수 있었다.

영혼은 육신으로부터 분리되어야 했다. 이것저것 아무리 따져 봐도 그 길만이 새 시대로 통하는 길이었다. 그렇다고 찜찜한 구석이 없었던 것은 아니었다. 현실에서, 생각과 사고는 분명 몸과 관계가 있어 보였다. 둘 사이의 관계를 규명하는 것은 쉽지 않았다. 그 과제를 해결하지 못했기에 그는 여전히 둘을 분리하는 것으로 주장하고 있었다.

슐루터의 질문에 데카르트는 뜨끔했다. 훔친 사과를 먹다가 들켜 버린 아이처럼 어찌할 줄 몰랐다. 데카르트는 얼굴이 화끈거렸다. 멍하니 있었다.

"아이, 죄송합니다, 주인님. 얼토당토않은 질문을 하는 바람에 말을 잇지 못하시는군요. 그런 걸 많이 생각해 보지 못해서 그런 것이니 이해해 주세요."

"......"

"어이, 군인 아저씨. 그러지 마셔. 왜 지나가는 사람들에게 시비를 걸고 그러셔."

슐루터는 갑자기 창문 밖으로 소리쳤다. 그 소리에 데카르트도 그곳을 쳐다봤다. 경비 책임자인 라세가 울타리 밖에서 지나가는 아가씨를 향해 뭐라고 말을 건네고 있었다. 아가씨는 그 행동이 불쾌했는지 못마땅한 표정을 짓고 도망치듯 사라졌다. 경비를 선답시고 서있던 군인들이 심심할 때면 가끔 그러는 듯했다. 라세는 슐루터의 목소리를 듣고 뒤돌아봤다. 머쓱한 얼굴로 손을 흔들며 알았다는 신호를 보냈다.

"주인님, 저 작자들. 다른 나라 군인이라고 얼마나 함부로 하는지 아세요? 저놈들 심심하다 싶으면 저렇게 행인을 대상으로 장난을 친다니까요. 얼른 내보내지 않으면 마을 사람들과 사이가 더 벌어질 것 같아요. 뭔가 조치를 취해 주셔야 합니다."

"그래? 알았다. 나 때문에 생긴 일이니 내가 곧 처리하마. 제독에게 직접 이야기도 하고. 그 외에 어려운 일 생기면 언제든 이야기하여라."

데카르트,
함정에 빠지다

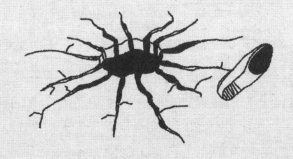

'생각하는 내가 있다…….'

슐루터는 주인의 말을 되새겨 봤다. 아는 단어이고 짧은 말이었지만 그 의미가 와 닿지 않고 맴돌았다.

'나'라는 말도 생소했다. 슐루터는 항상 누군가의 하인이었다. 그는 스스로 존재하는 사람이 아니었다. 그에게는 늘 주인이 있었고, 그는 늘 주인을 따라다녔다. 사물과 그림자의 관계와도 같았다. 그림자란 홀로 만들어질 수 없다. 사물이 있고서야 그림자가 있는 법이다. 슐루터도 주인이 있을 때에 비로소 존재할 수 있었다. 그는 나라는 말보다 하인 또는 그의 이름으로 불렸다. '나'라는 말을 입에 자주 올리지도 않았다.

'생각'이란 말도 생소하기는 마찬가지였다. 그도 생각하며 살아가긴 했다. 하지만 그때의 생각이란 보고 듣고 느끼는 몸에서 비롯되는 것이었다. 데카르트가 이야기한 명료하고 자유로운 생각은 해 보지 않았다. 그럴 만한 여유나 여건도 전혀 없었다. 데카르트의 말에 비춰 보면, 그는 거의 생각을 하지 않는 부류이거나, 아주 낮은 수준의 생각에 머물러 있는 존재에 불과했다.

'생각하는 내가 있다는 게 가장 확실한 진리라고?'

슐루터는 언짢았다. 생각할수록 불편하고 기분이 상했다. 그에게는 '나'도 '생각'도 확실하지 않아 보였다. 그런 게 있을까 싶을 정도로 딴 세계의 이야기 같았다. 그만의 세계가 있어 본 적은 한 번도 없었다. 생각이란 것도 데카르트와 같이 신분이 높거나 부유한 사람들이나 가능한 특권이었다. 하인인 슐루터에게 '생각하는 나'란 애초부터 없었다.

데카르트가 확실하다고 한 그 진리가 슐루터에게는 확실하지 않았다. 똑똑한 주인이 그렇다고 하니 그렇겠지 하다가도 괜히 거부하고 싶었다. 은근히 부아가 치밀면서 생각하는 나를 자꾸 생각하게 됐다. 생각할수록 자신이 더 초라해졌고, 그렇게 만든 주인이 더 얄미워졌다.

잠자는 사람의 생각에 관해서 물었을 때 곤혹스러워하던 주인의 모습이 떠올랐다. 다시 생각해 보니 통쾌했다. 자신의 질문이 이상했던 게 아니라, 자신의 질문에 답을 못해 쩔쩔맸던 것이라는 확신이 들었다. 야릇한 승리감에 피식 웃었다. 할 수만 있다면 또 그렇게 주인을 난처한 상황에 빠트리고 싶었다. 자기처럼 사람 같지 않은 사람이, 주인처럼 사람 같은 사람을 곤혹스럽게 할 수 있다는 걸 보여 주고 싶었다.

"라세! 왜 그러는 거야?"

슐루터는 라세를 불렀다. 그는 부엌에서 다른 하인과 실랑이를 벌이는 중이었다. 체격이 좋고, 호탕한 기질을 가진 그는 넉살이 좋아 수시로 무시로 집을 드나들었다. 이번에는 배가 출출했는지 음식을 좀 내오라고 야단법석이었다. 동료 하인은 아까 소시지와 쿠키를 주지 않았느냐며, 더 이상은 곤란하다고 거절했다. 그런다고 물러설 라세가 아니었다. 그는 오후에 돼지고기인지 소고기인지 들여오는 걸 봤다며 조금만 구워 달라고 협박 반 애교 반 애걸복걸했다.

라세는 데카르트 집 경비 보는 일을 못마땅해했다. 스웨덴 해군의 제복을 입고서 일개 개인의 경비를 서고 있다는 게 수치스러웠다. 스웨덴에서 이 임무를 수행하기 위한 명단에 자기가 포함됐다는 걸 알게 됐을 때 그는 싫다며 빼달라고 제독께 부탁했다. 뼛속까지 군인인 그는 전쟁터를 좋아했다. 그런 면에서 그는 제독과 아주 잘 통했다. 제독이 가는 곳이라면 아무런 이유를 달지 않고 따라나섰다. 그러나 네덜란드행은 이전과 달랐다. 아무리 여왕의 명령이라지만 군인으로서 체면이 서지 않는 일이었다.

제독은 라세를 신임했기에 그를 어디든 데려가려 했다. 라세의 기분을 충분히 이해했지만, 사람 하나 데려오면 끝나는 일이니 금방

끝날 거라고 다독였다. 휴가라고 생각하고, 네덜란드에 가서 네덜란드의 술과 여자를 맛보고 오자며 꼬였다. 제독의 간청에 할 수 없이 따라나섰다. 그런데 일은 예상치 않게 길어졌고 꼬이고 말았다.

데카르트 때문이었다. 바로 따라나설 것으로 여겼던 데카르트가 공식 문서를 요청하고 나선 탓이었다. 그 소식을 듣고 라세는 허탈해 했다. 욕지거리가 튀어나왔다. 데카르트 그놈을 그냥 데려가 버리자고 제독께 제안했다. 군인을 최고로 치는 그의 눈에 철학자들은 약해 빠지고 입만 살아 있는 족속에 불과했다. 제독은 여왕이 친히 내리신 임무이기에 그럴 수 없다며 라세를 만류하며 다독였다. 경비까지 서야 한다고 하자 그는 단단히 토라져 버렸다.

라세는 경비 책임자로서 툭 하면 말썽을 일으켰다. 하인을 자기하인 부리듯 했고, 총을 정원이나 집 안으로 갖고 들어와 사람들을 은근히 겁줬다. 피곤하다며 제복을 입고 신발을 신은 채 소파에 누워 자는 건 다반사였다. 여자를 좋아한 그는 오가는 아가씨들에게 찝쩍댔다. 그 때문에 마을에서 말이 많이 돌았고, 마을 사람들은 데카르트의 집 주위에 가급적 오지 않으려 했다.

슐루터는 말썽꾸러기 라세를 예의 주시하면서 행패를 부리지 못하게 어르기도 하고 꾸짖기도 했다. 간간이 음식과 술을 내 주며 타일렀다. 그럴 때면 그는 반가운 기색으로 슐루터의 말을 듣는 척했다. 때로는 경비대가 어떤 추태를 보였는지 데카르트에게 소상히 알리겠다고 위협도 했다. 여왕이 모셔오라 할 정도로 영향력 있는 분의 한마디에 따라 상벌이 달라질 수 있다고 했다. 데카르트가 이곳을 떠나지 않겠다고 선언해 버리면 어떤 문제가 발생할지 생각해 보라고도 했다.

"어이, 슐루터! 야간 근무를 서려니 배가 고파서 말이야. 그런데 대접이 시원치 않은데."

툴툴거리며 라세가 말했다. 슐루터는 동료 하인에게 약간의 먹을 것과 포도주를 내오게 한 후 들어가라고 했다. 부엌에는 슐루터와 라세 둘만 남았다. 슐루터는 포도주를 한 잔 따라 건넸다.

"언제까지 이렇게 행패를 부릴 거야?"

"행패라니. 이 사람 너무하는군. 이런 재미라도 없으면 나더러 어떻게 버티라는 게야?"

라세는 노골적으로 불만을 토로했다. 그는 빨리 경비 짓을 그만두고 싶었다. 제독의 명령이기에 따르기는 하지만 최선을 다해 경비를 볼 맘은 없었다. 그의 행패는 그런 불만을 노골적으로 드러낸 짓이었다.

"뭐가 그리 불만이야? 가만히 있기만 하면 밥 주지, 돈도 주지 좋잖아."

"밥, 돈? 나 그런 거 별로 원하지 않아. 남자는 말이야. 명예를 위해 살고 죽는 거야. 그런데 이 꼬락서니가 뭐냔 말이야. 그 잘난 양반, 뭐냐…… 당신의 주인 양반 데카르트 때문에 이 짓거리를 하고 있잖아."

술을 조금 한 탓인지 그는 말을 거르지 않고 불만을 꺼내 놨다.

"그 양반 그리 잘났어? 배나 우리를 딱 보면 스웨덴에서 온 거 알잖아. 근데 왜 문서고 뭐고를 요구하고 지랄이냐 이거야? 자기 잘 난 맛에 사나 보지. 우리가 얼마나 대단한 함대고 군인지 모르나 봐. 걸리기만 해 봐. 혼쭐을 내 줄 거라고."

슐루터는 라세의 말을 듣고 옳거니 했다. 데카르트에 대한 불만 과 그의 불같은 성격, 단순함을 잘 이용하면 데카르트를 골탕 먹이 는 작전에 한몫 담당케 할 수 있을 것 같았다. 슐루터는 라세를 가까 이 오라 해 귓속말로 뭔가를 제안했다. 라세는 곰곰이 듣더니 눈을 크게 뜬 후 웃어 보였다. 이야기를 더 해 보라는 시늉도 했다. 둘은 밤늦게까지 속닥거리고, 웃고, 진지하게 이야기하면서 작전을 짰다.

"슐루터, 슐루터!"

"네."

"산책하러 나가야겠다. 채비하거라."

데카르트는 슐루터에게 준비를 하라고 일렀다. 며칠만의 산책이 었다. 해가 뉘엿뉘엿 넘어갈 무렵이었다. 습하고 무거운 바람이 불어 왔다. 슐루터는 산책에 필요한 물품을 하나하나 챙겼다. 조그만 물통,

데카르트,
함정에 빠지다

5

중절모, 지팡이, 산책이 길어질 때를 대비한 쿠키를 가방에 넣었다.

먼 하늘에서 흐릿하지만 까만 구름이 아주 조금 밀려오고 있었다. 슐루터는 날씨가 급변해 비가 올 수도 있다는 걸 알아챘다. 작전을 수행하기에 아주 좋은 때였다. 비가 올 것 같으면 비옷이나 우산을 반드시 챙겨야 했다. 강골이 아닌 주인은 비 구경을 좋아했지만, 비 맞는 것은 싫어했다. 감기에 걸리기 십상이어서였다.

평상시 데카르트는 일상의 자잘한 일에 관여하지 않았다. 자질구레한 일은 하인이 알아서 처리했다. 데카르트는 그저 자기 몸 하나만 챙기면 끝이었다. 그는 언제든 자유롭게 이동했고, 보고 싶은 것을 보며 자유롭게 사색할 수 있었다.

슐루터는 일 처리를 꼼꼼하게 잘했다. 그걸 아는 데카르트는 가급적 슐루터에게 일을 맡겼다. 슐루터는 그때그때의 상황을 잘 판단해 만약을 대비한 것들까지 준비했다. 데카르트는 슐루터를 믿었고, 슐루터가 준비해 주는 대로 산책길을 떠나곤 했다.

"슐루터, 산책길 따라오너라."

데카르트는 슐루터를 데려가려고 했다. 혼자 가는 산책길이 무료하기도 했지만, 슐루터에 대한 관심의 표현이었다. 슐루터와 더 이야기를 나눠 보고 싶었다.

"주인님, 저는 지금 따라 나서기가 어렵습니다."

"일 있으면 다른 하인에게 맡기면 되지 않느냐? 얼른 따라오너라."

"맡길 수가 없습니다. 경비서는 군인들, 제 말 외에는 신경도 쓰지 않습니다. 저까지 가 버리면 집 안이 난장판 돼 버려요. 주인님이나 저나 둘 중 하나는 있어야 합니다. 차라리 주인님이 경비 책임군인인 라세를 데려가 주세요. 그놈만 없으면 조용해진다니까요. 데려가서 따끔하게 이야기도 해 주시고요. 그럼 앞으로 제가 산책길 동행하는 데 문제없을 겁니다."

잠시 망설이던 데카르트는 슐루터의 말을 따르기로 했다. 듣고보니 최근 슐루터의 이상한 행동이 이해가 됐다. 이전에 슐루터는 데카르트에게 늘 적극적이었다. 항상 데카르트의 주위에서 서성거렸고, 말을 걸어 오곤 했다. 그의 철학에 관해 이야기하던 즈음에는 더그랬다. 하지만 마지막 이야기를 나눈 후 그의 행동은 눈에 띄게 달라졌다. 가급적 데카르트와 마주치지 않으려는 눈치였다. 말수도 줄었다. 묻는 말에 간단히 대답하는 것 외에는 말을 하지 않았다. 조금더 친해지려고 손 내밀던 데카르트로서는 조금 이상하다고 느꼈다.

데카르트는 슐루터가 경비대 때문에 골치를 앓고 있어서라고 생각하게 됐다. 그 문제는 전혀 고려해 보지 못했다. 집 안을 두루두루 관리해야 하는 슐루터로서는 무척 신경이 쓰였겠다고 짐작했다. 슐루터의 말대로 책임자인 라세를 따끔하게 꾸짖어야겠다고 맘먹었다.

슐루터가 일부러 피하는 것 같다는 데카르트의 느낌은 맞았다. 슐루터는 데카르트를 피해 다녔다. 생각하는 나에 관한 이야기를 나눈 다음부터였다. 야속하고 속이 상했기 때문이다. 주인의 명령을 어길 수 없는 하인으로서 완전히 피할 도리는 없었다. 가급적 데카르트의 방에 가지 않았고, 가더라도 용무만 마치고 얼른 나와 버렸다.

라세는 슐루터가 쥐어 준 짐을 챙겨 데카르트의 뒤를 따랐다. 슐루터는 데카르트에게 잘 다녀오라고 고개 숙여 인사했다. 라세와는 눈빛을 교환하며 가볍게 인사했다. 조금 있으면 해가 지기 시작할 것이었다.

데카르트는 걷기 시작했다. 평상시 산책 코스를 따라 걸음을 옮겼다. 중절모를 내려 쓴 데카르트가 앞서고, 라세는 뒤따랐다. 데카르트는 오가는 마을 사람들을 바라봤다. 딱히 특출한 차이점은 안 보였으나 자신을 바라보는 시선이 차가우면서도 따갑게 느껴졌다. 그들은 데카르트를 따라오고 있는 스웨덴 군인을 유심히 쳐다보며 스쳐 지나갔다. 예전부터 특별한 교류는 없었기에 문제 될 것은 없었다. 찜찜했지만 그냥 지나치기로 했다.

데카르트가 처음 네덜란드 땅을 밟은 이후 20년 가까운 세월이 흘렀다. 그가 네덜란드에 와 처음 머무른 곳은 암스테르담이다. 이곳저곳으로 옮겨 다니기는 했지만, 네덜란드라는 울타리 안에서 움직였다. 그 네덜란드에서의 생활에 종지부를 찍어야 할지도 모른다는 생각을 했다. 풍경이 낯설면서도 새롭게 가슴에 와 닿았다.

어느덧 바닷가에 다다랐다. 30~40미터만 가면 출렁거리는 바닷

물을 만져 볼 수 있는 지점이었다. 해는 서서히 저물었다. 맑은 날씨가 아니어서 붉은 노을을 볼 수는 없었다. 해와 바다가 포개지는 곳 위에 두텁고 무거운 구름이 걸쳐 있었다. 데카르트는 거칠 것 없이 쭉 뻗어 달리는 수평선을 보고 싶었다. 그러나 수평선과 해는 구름에 가려 있었다. 그가 처한 현실만큼이나 답답해 보였다.

데카르트는 벤치에 앉았다. 중심이 안 맞았는지 살짝 흔들거리며 삐거덕 소리가 났다. 곁에 라세가 있었으나 말을 걸고 싶지 않았다. 말이 섞이지 않을 것 같았다. 슐루터라면 한두 마디 툭 던져 볼 수 있었을 텐데 하는 아쉬움이 들었다. 라세에게 집 안에서의 생활에 관해 이야기하려 했으나 바다를 마주 보며 그 얘기를 하고 싶지는 않았다.

툭! 툭! 툭!

데카르트의 손등 위로 빗방울이 떨어졌다. 생각에 푹 빠져 있던 그를 빗방울이 일깨웠다. 시간이 꽤 흘렀다. 해는 이미 저물었고, 산책을 떠났을 때와는 비교할 수 없을 정도로 먹구름이 끼어 있었다. 비를 몰아오고 있었다.

"라세! 비가 오잖아. 내가 비 맞는 거 싫어하는 줄 몰랐나? 날씨가 이렇게 변하기 전에 말을 해 줬어야지. 이거 비를 쫄딱 맞게 생겼는데."

데카르트는 언짢은 투로 라세를 나무랐다. 자기 하인을 나무라던 말투였다. 욕이 튀어나올 정도로 라세는 기분이 상했다. 그러면서 잘됐다며 속으로 쾌재를 불렀다. 그는 날씨가 변하고 있는 줄 알고도 일부러 말하지 않았다. 그것만으로도 얼마나 통쾌했는지, 화를 참아 낼 수 있었다.

"우산을 좀 펼쳐 주게."

"우산이요? 우산을 챙겨 오지 않았는데요. 날씨가 이렇게 될 줄은 몰랐습니다."

"슐루터가 우산을 챙겨 주지 않았어?"

"네. 슐루터도 전혀 예상 못 했나 봐요."

라세는 태연하게 대답했다. 처음에는 날씨가 좋았다는 점과 자신이 시간 가는 줄 모르고 있었다는 점 때문에 데카르트는 더는 다그치지 않았다. 비를 피할 방법을 찾는 게 더 다급했다.

"근처에 어디 비 피할 데가 있나?"

"오던 길에 선술집이 있던데, 우선 그리 가서 비를 피하시죠."

데카르트는 라세를 따라 술집으로 향했다. 비는 점점 많이 내렸다. 그동안 누구도 데카르트 일행에게 우산을 건네는 사람은 없었다. 다들 쳐다보기만 할 뿐 도움의 손길을 내미는 이는 없었다. 데카르트는 내리는 비를 그대로 맞아야 했다.

술집 앞에 다다랐다. 어떤 술집인지 파악할 정신이 없었다. 라세가 문을 열고 먼저 들어갔고, 뒤따라 데카르트가 들어갔다. 저녁때였던 터라 술집에는 사람들이 꽤 많았다. 음식을 먹고, 술을 마시며 왁자지껄하게 이야기를 나누고 있었다.

사람들이 일제히 라세를 쳐다봤다. 제복을 입은 군인이었기에 눈에 확 띄었던 모양이다. 총을 멘 군인의 등장에 사람들 소리가 잦아들었다. 그 뒤를 따라 데카르트가 들어오자 놀랐는지 사람들이 웅성거렸다. 그러나 바라보고 속삭일 뿐 누구 하나 말을 걸지는 않았다.

라세가 앞서 가서 비어 있던 테이블에 앉았다. 옆 테이블 사람들은 군말 없이 바라만 봤다. 주위의 시선에는 아랑곳하지 않고 자리를 잡자 사람들은 다시금 먹고 마시며 이야기를 나눴다. 데카르트와 라세는 수프와 따끈한 커피를 주문했다. 라세는 데카르트의 표정 하나하나를 살폈다. 라세는 데카르트가 귀족이요, 공부만 하는 작자일 거로 생각했다. 서민들이 애용하는 술집이나 서민들의 분위기에 적응하지 못할 거라고 짐작했다. 어쩔 줄 몰라 하는 데카르트의 모습을 기대하며 기다렸다. 그러나 데카르트는 주위 분위기에 전혀 신경 쓰지 않았다. 그저 자기 일에 주목할 뿐이었다.

"라세, 자네는 군인이란 직업이 자랑스러운가?"

뜬금없는 질문에 라세는 다소 당황했다.

"그럼요. 남자라면 군인을 싫어할 리가 없죠."

"그래. 이유가 뭐지?"

"명예롭게 살다 명예롭게 죽는 거니까요. 국가와 민족을 위해 살아간다는 그 명예 때문이죠."

"명예? 좋지. 하지만 진정한 명예가 뭔지 잘 살펴보게. 명예를 대의명분으로 내건 싸움이나 전쟁에 이용당하지 말고."

"무슨 말씀이세요? 제가 지금 그렇다는 건가요?"

"그렇다는 뜻은 아냐. 갓 끝난 30년 전쟁만 하더라도 권력을 쟁취하기 위한 지도자들의 욕심 탓이 많았거든."

"헤헤. 전쟁에 대해서 뭘 아시고 하는 말씀이세요?"

라세는 멋도 모르고 이야기하는 거 아니냐는 투로 물었다. 깔보는 게 분명했다. 데카르트는 라세의 말투에서 그걸 느꼈다. 자신을 책만 보는 샌님처럼 여기고 있다고 확신했다. 데카르트는 그가 보고 겪은 전쟁 이야기를 해야겠다고 결심했다.

데카르트는 전쟁에 꽤 오랫동안 참여했다. 세상 구경의 하나였다는 점도 있었지만, 전쟁을 통해 과학과 기술이 어떻게 응용되고 있는지 구경하고 싶었다. 과학의 발달로 전쟁의 양상은 달라져 가고 있었다. 축성법이 달라지고, 전투 대형과 전투 요령이 눈부시게 발달해 갔다. 데카르트는 직접 싸우지 않았더라도 상당한 시간을 전장에서 보냈다. 전쟁과 전투에 대한 지식이 있었고, 전쟁터를 지휘하던 지도자들과의 접촉도 있었다. 그는 라세에게 모든 이야기를 술술 풀어놓았다. 라세는 데카르트의 전쟁 경험담에 빠져들었다. 기대치 않았던 이야기에 라세는 놀랐고, 데카르트를 달리 봤다.

30년 전쟁은 1618년부터 1648년까지 유럽에서 치러졌던 전쟁이었다. 처음에는 가톨릭과 개신교 간의 종교적 갈등이 원인이었다. 인간의 욕망을 극한으로 밀어붙이는 종교인지라 그 갈등 양상은 참혹했다. 독일에서 시작됐지만, 유럽 대부분의 나라가 관여하게 되면서 전쟁의 포화가 그칠 날이 없었다. 데카르트가 경험한 전쟁이 바로 이 전쟁이었다. 그 경험을 통해 그는 이성이라고는 간데없고, 탐욕과 우매함이 판치는 세상이란 걸 뼈저리게 깨달았다. 사람들은 이성에 의해 제대로 판단하지 않고, 욕심을 최우선으로 삼았다. 대의명분으로 내건 구호 앞에 이성적 판단 능력이 없는 사람들은 속수무책으로 빨려들고 말았다.

데카르트는 라세의 혼을 빼놓을 정도로 이야기를 늘어놓은 다음에 준엄하게 말했다.

"집 안에서 머물며 편하게 지내는 것은 좋네만, 명예롭지 못한 행동은 말아 줬으면 하네."

라세는 이렇다 할 변명도 못 하고 입을 다문 채 고개를 끄덕였다. 자신의 행동이 군인으로서 부적합했다는 점을 인정했다. 그러다 '이건 아닌데' 하며 정신을 차렸다. 그는 다시 공격 태세를 갖췄다.

"데카르트 님은 가톨릭 교도시라면서요?"

라세는 굵고 강한 어조로 말했다. 옆 사람들이 들으라고 한 말이었다. 이 사실을 알려 준 이는 슐루터였다. 네덜란드에는 개신교를 믿는 사람들이 많았다. 슐루터는 이 점을 잘 이용하면 제대로 골탕 먹일 수 있겠다고 생각해 알려 줬다.

"그래. 갑자기 내 종교를 왜 묻지?"

"데카르트 님의 철학이 깊다는 명성을 들었어요. 새로운 철학이라면서요? 그렇다면 개신교가 더 맞을 것 같은데 왜 가톨릭이신지 궁금해서요. 어떤 이유로 여전히 가톨릭이신지요?"

라세의 말이 퍼져 나가자 사람들이 두 사람의 대화에 관심을 보이며 은근히 모여들었다. 30년 전쟁이 끝났다지만 그 여파는 여전했다. 사람들은 여전히 가톨릭이냐 개신교냐에 집착했다. 가톨릭이란 말은 개신교도인 그들의 관심을 끌기에 충분했다. 라세는 자신의 작전이 성공하고 있다는 걸 알아차렸다. 흐뭇한 미소를 속으로 숨기며 그는 계속 몰아붙였다.

"데카르트 님은 개신교도가 대부분인 네덜란드에서 살아오셨고, 개신교도가 대부분인 스웨덴으로 초청을 받으셨어요. 개신교의 덕을 톡톡히 보고 계시죠. 그렇다면 개신교를 믿는 게 더 어울리지 않나요? 혹시 그 소문이 정말 사실인지……."

소문이란 말에 주위 사람들은 귀를 더욱 쫑긋 세웠다. 아예 의자를 갖고 와 옆에 자리 잡은 사람도 있었다. 데카르트는 불쾌한 표정을 보이며 아무런 대꾸도 하지 않았다. 일어설까도 생각했지만 밖은 비가 오고 있었고, 그의 답을 듣고자 하는 사람들로 둘러싸여 있었다. 궁지에 몰린 쥐 신세처럼 라세의 말을 들어야 했다. 라세는 여유 있는 어투로 더 몰아세웠다.

"내 들은 소문으로는 데카르트 님이 가톨릭에서 개신교 지역에 파견한 스파이라는……."

라세는 조심스럽게 스파이란 말을 꺼냈다. 일부러 천천히 언급했다. 스파이란 말을 들은 사람들은 분노하기 시작했다. 소문이란 말에는 신경 쓰지 않았다.

"뭐 스파이였다고? 정말이야?"

"교황청에서 보낸 첩자였다니……. 이런……."

"어쩐지 딱히 하는 일도 없는데 잘산다 싶었어. 그게 교황청에서 후원해 준 덕택이었구먼."

"신을 전혀 믿지도 않는다는 이야기도 들리던데."

사람들은 이제껏 의심스러웠지만 차마 말할 수 없어 숨겨 왔던 말을 하나둘 꺼내 놓았다.

'이러지도 저러지도 못하는 꼬락서니가 보기 좋구나.'

라세는 속으로 고소해하며 말했다. 앞으로 어떤 일이 일어날지 기대했다.

그때 데카르트가 갑자기 일어섰다. 지팡이로 테이블을 세 번 두드렸다. 사람들은 말을 멈추고 데카르트를 향했다. 중절모 때문에 데카르트의 눈빛이 보이지 않았다. 그저 그의 말을 기다렸다.

"맞소. 난 가톨릭교도요. 그렇지만 난 스파이가 아니오. 알다시피 난 철학자요."

물러섬 없이 분명한 말투였다. 당당하고 담담하게 그는 말을 이었다.

"난 철학적 견지에서 가톨릭을 믿는 것이오. 가정환경으로 보나 철학으로 보나 개신교보다는 가톨릭이 내게 더 맞기 때문일 뿐이오."

이 말에 사람들은 격분했다. 그들은 데카르트가 개신교보다 가톨릭이 더 낫다고 말한 것으로 이해했다. 거나하게 취한 사람 몇 명이 데카르트에게 다가섰다. 멀쩡한 정신의 사람들은 그들 뒤에 머물렀다. 선동꾼들은 다시 말해 보라고 했다. 아까 했던 말을 취소하거나 개신교가 더 훌륭하다는 말을 하라고 협박했다.

데카르트는 그들의 요구를 따르지 않았다. 그저 가만히 자리를 지킬 뿐이었다. 그런 태도에 사람들은 더 분노했다. 분노를 억누르지 못한 사람들 몇이 데카르트에게 달려들었다. 라세는 가만히 뒤로 빠져나와 강 건너 불구경하듯 바라봤다. 데카르트는 사람들로 둘러싸였고, 사람들은 데카르트를 밀치며 공격했다. 데카르트는 과감하게 맞서지는 않았지만, 물러서거나 회피할 기세는 전혀 없었다. 선동꾼 하나가 데카르트의 멱살을 잡았다.

"가톨릭과 개신교 중 어느 게 더 낫다고 생각하는 거요?"

"……"

"그렇게 가톨릭이 좋다면 가톨릭 나라로 가 버리던지. 왜 개신교의 나라인 네덜란드에서 스파이질이야?"

"……"

아무리 물어도 데카르트는 대답하지 않았다. 화가 난 선동꾼이 주먹을 불끈 쥐었다. 한 대 갈겨 버릴 기세였다. 하지만 데카르트의 지위와 위신을 생각하자 고민이 됐던 모양이었는지 때리지 못했다. 주위 사람들은 한 대 날려 버리라고 계속 부추겼다.

"어이, 크리스티앙. 뭐 하는 짓이야?"

술집 문에서 엄청나게 큰 목소리가 들려왔다. 슐루터였다. 사람들이 하던 짓을 멈추고 슐루터를 쳐다봤다. 슐루터는 재빠르게 움직여 데카르트의 멱살을 잡은 선동꾼의 팔을 데카르트의 지팡이로 내리쳤다. 선동꾼은 소리를 지르며 멱살을 놓았다.

"지금 뭐 하시는 겁니까? 지금 누구에게 행패를 부리시는 거냐고요?"

슐루터는 목소리 끝을 높이면서 사람들을 압도했다. 곧바로 라세에게 말했다.

"라세, 가서 플레밍 제독을 모셔 와. 가서 이 상황을 설명하고 군인들을 모두 데려오라고 해. 어서!"

라세는 슐루터의 행동을 어이가 없다는 듯 쳐다보며 가만히 있었다. 왜 끼어들어 일을 망치느냐는 표정이었다. 슐루터는 개의치 않고 계속 다그쳤다.

"뭐 하고 있어. 데카르트 님께 무슨 일이라도 벌어지면 자네 스웨덴에 돌아갈 수 있을 거라고 생각해? 임무를 제대로 완수 못했다고 감방에 바로 갈걸. 그러고 싶어? 얼른 가서 제독님을 모셔 오라고."

다그치는 목소리에 라세는 알았다며 술집을 빠져나갔다.

"크리스티앙, 난 자네가 뭔 짓을 했는지 창밖에서 똑똑히 봤어. 그리고 다른 사람들도 마찬가지고. 이름을 다 기억해 두고 있다고. 여기는 자네들이 훨씬 많으니 우리를 맘대로 할 수 있을 거야. 하지만 그 일에 대한 대가를 톡톡히 치러야 할걸. 우리를 죽이지 않는 이상 피할 수 없어. 자, 맘대로 해 봐. 용기가 있으면 두들겨 패 보라고."

슐루터는 선동꾼의 얼굴 가까이에 자신의 얼굴을 들이밀었다. 그리고 술집에 있던 사람들의 이름을 하나하나 불렀다. 반드시 기억해 두겠다고 다짐하는 투였다. 자신의 이름이 불리자 사람들은 움츠러들었다. 슐루터는 이름을 부르며 데카르트와 사람들 사이에 끼어들며 데카르트를 보호했다. 슐루터의 기세등등한 모습에 사람들은 더는 행패를 부리지 못했다. 그렇게 소요는 잦아들었다. 데카르트는 의자에 앉아 술집을 빠져나갈 시기를 기다렸다. 30여 분 후 라세가 제독과 함께 들어왔다. 제독의 등장으로 모든 상황은 종료됐다. 제독은 데카르트를 데리고 집으로 갔다.

"슐루터, 어떻게 된 거야? 그 상황에서 등장해 데카르트를 도우면 어떻게 돼? 모든 게 작전대로 잘 돌아가고 있었잖아."

"미안해, 라세. 생각해 보니 우리의 작전대로 됐더라면 우리가 무사할 수 없을 것 같더라고. 자네나 나나 책임을 면치 못했을걸. 그래서 부랴부랴 와서 말린 거라고."

슐루터는 라세에게 힘없이 말했다. 라세는 슐루터의 말을 듣고 그럴 수도 있었겠다고 생각했다. 만약 슐루터가 나타나지 않았더라면 데카르트에게 무슨 일이 벌어졌을지 상상하고 싶지 않았다. 오히려 잘된 거라는 안도감마저 들었다. 다행이라고 생각하는 라세를 바라보며 슐루터는 천만다행이라고 생각했다. 자신이 잘했다기보다는 자신이 도대체 뭔 짓을 하려 했는지 생각하며 뉘우쳤다.

슐루터와 라세는 데카르트를 골탕 먹일 작전을 짰다. 모든 일은 작전대로 돌아갔다. 슐루터는 일부러 따라나서지 않았고, 라세를 따라가게 했다. 비마저 올 수도 있어 하늘이 돕는다 싶었다. 슐루터는 어떻게 될지 궁금해서 집에 가만히 있을 수 없었다.

슐루터는 라세 몰래 뒤따라갔다. 홀로 길을 걸으며, 바닷가에서 서성이며, 비 맞고 거니는 데카르트를 멀리서 쳐다봤다. 외롭고 쓸쓸해 보이는 데카르트의 모습이 눈에 들어왔다. 데카르트에게는 위대한 사상이 있다지만 그 주위에는 아무도 없었다. 비 맞고 갈 때 그 누구도 우산을 주지 않은 것만 봐도 알 수 있었다. 그런 데카르트의 처지가 슐루터의 맘을 무겁게 했다.

라세가 술집에 들어가자 슐루터는 창밖에서 몰래 처다봤다. 거기서도 데카르트는 철저히 혼자였다. 같이 있어도 데카르트는 여전히 혼자였다. 사람들은 데카르트의 진심에 관심이 없었다. 시대를 뒤엎을 만큼 위대한 철학을 내놓은 사람이란 걸 알아보는 이는 없었다. 측은한 맘이 들었다. 그런 데카르트를 놓고 위험한 장난을 치려던 걸 후회했다.

선동꾼의 무지막지한 협박에도 데카르트가 굽히지 않는 것을 보자 가슴 깊숙한 곳으로부터 뜨거운 게 올라왔다. 주인인 데카르트가 정말 대단한 분이란 고백이 나왔다. 그는 결코 사람의 많고 적음에 휩쓸리지 않았다. 그에게는 생각하는 나라는 절대적인 진리가 있었기 때문이다.

생각하는 나! 이 철학의 힘을 느낄 수 있었다. 흔들림 없는 토대라고 했던 주인의 말은 말뿐이 아니었다. 주인의 태도는 그 진리처럼 흔들리지 않았다. 그런 확고부동함이 부러웠고, 데카르트가 존경스러웠다. 하지만 그만큼 생각하는 나는 고독했다. 시대를 거슬러야 했기에 치러야 할 대가였다. 데카르트의 철학이 걸어야 할 길은 고독한 길이란 걸 직감했다.

상황은 예상보다 거칠게 흘러갔다. 사람들이 데카르트를 공격하려 하자 슐루터는 겁이 났다. 보고만 있을 수는 없었다. 사람들이 더 난폭해져 몹쓸 일을 벌이기 전에 사태를 수습해야 했다. 다짜고짜 뛰어 들어가 선동꾼을 떼어 놓고 생각나는 대로 지껄였다. 그의 재치로 말미암아 사태는 잘 수습되었다. 다행스러웠다.

생각하는
방법을 깨닫다

데카르트는 잠들어 있었다. 움직임은 전혀 없고, 가는 숨소리만이 방 안을 서성거렸다. 걱정이 돼 방에 몰래 들어온 슐루터는 데카르트를 가만히 살폈다.

'혹시 어디 아프신 데가 있나? 그런 것 같지는 않아. 다행이야.'

조금 떨어져서 데카르트의 모습을 유심히 살폈다. 별다른 이상은 없어 보였다. 안도의 한숨을 쉬고 슐루터는 방을 빠져나갔다.

오전 11시.

슐루터는 다시금 데카르트의 방에 들어왔다. 그는 여전히 자고 있었다. 문을 살살 닫았다. 그 작은 소리에 데카르트의 몸이 살짝 떨렸다. 깊이 잠들었다면 그렇지는 않았을 것이다. 그는 자면서도 경계하고 있었다. 잠마저 편히 잘 수 없는 고단한 인생이었다. '생각하는 나'를 깨달은 자가 치러야 할 고통인 듯싶었다.

슐루터는 데카르트를 주인으로 모신 지 오래되지 않았다. 오기 전 그는 데카르트가 어떤 사람인지 알아봤다. 일반 서민들에게는 별로 알려지지 않았지만 철학이나 신학의 세계에서는 대단한 분이라는 이야기를 들었다. 슐루터가 하인으로 들어온 때는 데카르트가 길고 힘겹게 펼쳤던 논쟁을 마친 후였다. 데카르트의 철학을 옹호하는 자와 반대하는 자 사이에 벌어졌던 지적인 싸움이었다. 이 싸움에서 데카르트는 만신창이가 되었다.

데카르트는 예민해졌고, 사람을 더 믿지 못했다. 기나긴 싸움에 그의 육신은 지쳤고, 그의 정신은 일종의 패배감으로 나약해져 있었다. '생각하는 나'라는 깨달음을 지켜내기 위한 대가는 가혹했고 처참했다. 데카르트는 그 대가를 치르기 위해 최선을 다했다. 슐루터는 데카르트의 이런 전력을 듣고 호감을 느꼈다. 그렇게 대단한 분을 모시게 된 게 뿌듯했다.

'그런 분에게 내가 뭔 짓을 한 거야. 잠도 편히 이루지 못하는 분에게.'

낮 12시.

슐루터는 다시 데카르트를 찾았다. 시간이 흐를수록 걱정되고, 자신의 잘못을 크게 뉘우쳤다. 무슨 일이라도 일어나는 건 아닌지 조마조마했다. 걱정이 돼 들러 보지 않을 수 없었다. 데카르트는 자고 있었으나 꿈을 꾸는지 뭐라고 중얼거렸다. 슐루터는 살금살금 다가가 그 소리에 귀 기울였다.

"메르센……, 가지 마."

"프랑신……, 가지 마."

"엘리자베스……, 가지 마요."

사람 이름이었다. 이름은 달랐으나 가지 말라는 처절한 외침은 같았다. 꿈속에서마저 사람들이 그의 곁을 떠나는 모양이었다. 침이 말라 새는 목소리로, 그는 가지 말라고 애원했다. 강직하고 확신에 찬 철학자로서의 목소리가 아니었다. 늙고 힘없는 남성의 애끓는 절규였다. 외롭고 힘들어서 다른 사람의 손길을 기대하는 평범한 사람의 목소리였다.

가지 말라는 데카르트의 말이 슐루터의 귀에 와 닿았다. 데카르트가 자신에게도 말하는 듯했다. 데카르트에게 관심을 갖고 다가갔다가 분한 맘에 그의 곁을 떠나려 했던 자신의 행동이 스쳐 갔다. 소스라치며 소름이 돋았다.

'죄송합니다, 주인님. 제가 잘못했어요. 죄송합니다.'

자신이 죽을 짓을 한 것만 같아 슐루터는 마음이 불편했다. 미안하고, 죄송하고, 부끄러웠다. 눈가에 눈물이 맺혔다. 자신의 죄를 씻기 위해 뭐든 하겠노라고 다짐했다. 자신을 굴복시키려는 세상 앞에 당당히 맞서던 데카르트의 모습을 되찾아 주겠노라고 기도했다.

"슐루터. 슐루터……."

데카르트가 슐루터를 불렀다. 창가에 앉아서 데카르트가 깨어나기를 기다리던 슐루터는 그 소리에 정신이 번쩍 들었다.

"네, 주인님. 일어나셨어요?"

"그래. 잘 잤다. 따뜻한 물과 수프를 먹고 싶구나."

슐루터는 곧바로 나가 물과 수프를 준비해 왔다. 데카르트는 누워 있던 침대를 손으로 짚고 몸을 일으켜 세웠다. 슐루터는 베개를 등 뒤에 받쳐 데카르트가 편히 기대도록 했다. 데카르트는 아무 말 없이 슐루터가 하는 대로 가만히 있었다. 슐루터는 음식을 침대 옆에 두었다. 먼저 물을 입에 가져가 마시게 했다. 데카르트는 몇 모금 마신 후 수프를 달라고 했다. 슐루터는 수프 접시를 들고 숟가락에 수프를 담아 입에 넣어 줬다. 가까이에서 본 데카르트는 어제보다 피부가 더 까칠하고 눈이 휑해 보였다. 하루 사이에 몇 년 더 늙어 보였다.

수프를 몇 숟가락 받아먹은 데카르트는 그만 먹겠다고 했다. 슐루터는 음식을 쟁반에 담아 밖으로 내가려고 했다. 데카르트가 나중에 내가라며 창가에 있는 의자에 앉으라고 했다. 슐루터는 창가로 가 테이블에 쟁반을 놓고 의자에 앉았다. 오후라 밖은 밝은 햇살로 가득 차 있었다.

슐루터가 가만히 앉은 채 시간이 흘러갔다. 햇볕은 창가를 통과해 방 안으로 스며들었다. 데카르트는 침대에 기댄 채 눈을 감았다가

뜨곤 했다. 슐루터는 데카르트를 마주 보기가 어색해서 테이블 위에 있는 쟁반을 만지작거리기도 했고, 창밖으로 시선을 돌리기도 했다.

'왜 나가지 말라고 했을까? 어제 일로 혼내려고 하시나?'

표정으로 봐서는 데카르트가 혼낼 것 같지는 않았다. 그는 막상 슐루터를 별로 신경 쓰지 않았다. 허공을 응시하며 생각에 생각을 이어가는 듯했다.

"슐루터!"

침묵을 깨고 데카르트가 말을 꺼냈다.

"네."

"스웨덴으로 가야겠다. 준비하거라. 제독께 연락해서 오시라고 하여라. 상세한 이야기는 내가 할 테니 오시라고만 전해라."

"스웨덴으로요? 가시게요?"

"그래."

슐루터는 뭐라 말을 하고 싶었으나 데카르트의 지친 모습을 보자 그럴 수가 없었다. 지금 상태에서 이야기해 봐야 득이 될 것 같지 않았다. 그러겠다고 인사를 한 후 방을 빠져나왔다.

'어쩌다 상황이 이렇게 돌아가게 된 거지……'

슐루터는 몹시 후회스러웠다. 어제 일 때문에 데카르트가 결심을 굳힌 것이 확실했다. 지쳐 있던 심신 위에 어제 일은 결정적인 타격을 입힌 셈이었다. 뭔가 수를 내야 했다. 자신이 뿌린 씨앗이니만큼 자신이 수습해야 했다.

가장 급한 것은 데카르트의 몸을 회복하는 일이었다. 몸이 약해지면 마음도 정신도 약해지기 마련이다. 우선 몸에 기운을 불어넣어야 했다. 슐루터는 저녁 식사로 프랑스 요리를 준비하도록 했다. 기운을 북돋고, 기분을 전환하는 데는 음식이 최고라는 걸 아는 슐루터의 비상조치였다. 신선한 재료와 좋은 포도주도 준비하게 했다. 고기를 안 먹는 식습관을 고려해 절대로 고기가 섞이지 않도록 했다. 입맛을 제대로 돋워 낼 수 있도록 빛깔과 향이 좋은 음식으로 준비케 했다.

저녁때가 되자 슐루터는 준비한 음식과 포도주를 가지고 데카르트 방으로 들어갔다. 데카르트는 창가 옆 테이블에 앉아 글을 적고 있었다. 슐루터가 들어오자 음식 냄새가 방으로 번져갔다. 따뜻하게 하려고 덮어 놓았던 뚜껑 아래로 꽃향기 같은 냄새가 솔솔 풍겼다. 슐루터는 일부러 움직임을 천천히 해 데카르트가 충분히 음식 향을 맡게 했다. 데카르트가 입맛을 다셨다.

테이블이 다 정리되자 슐루터는 테이블 위에 음식을 놓고 뚜껑을 열었다. 붉은빛이 감도는 토마토 수프가 눈에 띄었다. 노란 단호박과 초록색 브로콜리가 주재료로 사용된 요리가 보였다. 소화가 잘될수 있도록 익혀서 요리했고, 약간은 시큼한 소스가 덧뿌려져 있었다.

생각하는 방법을 깨닫다

6

데카르트는 수프부터 맛있게 먹었다. 빛깔도 곱고 향도 좋았다. 음식이 들어가자 기운이 온몸 구석구석 미치는 것 같았다. 음식을 먹는데 슐루터가 포도주를 들고 와 한 잔 권했다. 이 지방에서 구할 수 있는 최고의 포도주라는 말에 한번 맛보자고 했다. 포도주가 잔에 담기면서 맑은 물이 굴러가는 소리가 흘러나왔다. 검붉은 포도주가 잔을 따라 둥글게 휘말리며 작은 파도를 이뤘다. 한 모금 입에 머금었다. 혀를 타고 포도주의 맛이 온몸으로 퍼졌다. 기분이 좋아졌다. 긴장이 풀리면서 몸이 나른해졌다.

슐루터는 잔잔하게 웃으면서, 데카르트가 식사를 잘할 수 있도록 도왔다. 아무도 없는 듯 가만히 서 있다가, 필요할 때는 다가가 접시나 음식물을 옮겨 줬다. 데카르트는 그렇게 있는 듯 없는 듯 자기를 도와주는 슐루터가 좋았다. 자신의 곁에서 머물러 주는 그가 고마웠다.

"말씀하신 대로 스웨덴으로 갈 준비를 시작했습니다. 제독님께도 조만간 오시라고 연락했고요."

음식을 다 치우고 커피를 마실 때 슐루터가 말했다.

"그래, 고맙다. 늘 그랬던 것처럼 차질 없이 준비해 주길 바란다. 다시 돌아올 수 없을 것 같으니 빠진 것 없게 꼼꼼하게 챙겨 주렴."

그 말을 듣는 슐루터의 가슴이 아파 왔다. 모른 척 대화를 이어 갔다.

"어제 일 때문에 그리 결정하신 건가요?"

슐루터는 조심스럽게 묻고, 조심스럽게 답변을 기다렸다.

"어제 일 때문만은 아니다. 오랫동안 생각해 온 게지. 어제 일은 그런 결심이 틀린 게 아니란 걸 확인시켜 줬을 뿐이야. 이곳에서는 더 이상 내가 할 일이 없는 것 같다. 하기야 거의 20년을 머물렀으니 할 만큼 한 거지."

"20년이나 되셨어요? 참 긴 시간이군요. 프랑스 출신이시면서 이곳에 왜 오셨어요?"

슐루터는 알면서도 모르는 것처럼 그 이유를 물었다.

"여기 온 이유 말이냐? 간단하지. 내 철학을 정립하고 전파하기 위해서였지. 그 일을 위해서는 이곳이 가장 적합했어. 다른 곳은 모두 관습이나 문화, 민족 같은 것에 너무 집착해 자유롭게 철학 하기란 불가능했지. 네덜란드는 자유가 더 보장되는 곳이잖아."

"생각하는 나로부터 출발한 철학이겠네요?"

"그렇지."

"그 철학을 정립하고 전파하는 게 그리 중요한가요? 사람들이 그렇게 반대하고 몰라주는 데도."

"허허허. 꼭 그렇지만도 않아. 알아주고 지지해 주는 사람도 많았단다. 더 중요한 것은 그 일이 신께서 내게 주신 소명이었다는 거야. 사람이 알아주고 몰라주고보다 그게 더 중요하지. 난 그 소임을 다하기 위해서 최선을 다해 여기까지 온 거란다."

"신께서 주신 소명이요? 그런 징표라도 있었나요?"

"징표 말이냐? 있었지. 그랬기에 20여 년의 세월을 견딜 수 있었어. 내 철학에 대한 확신만으로 사람들이 불러일으키는 파도를 막아내기는 어렵지."

슐루터는 그게 뭐냐고 묻고 싶었다. 말씀해 달라고 조르고 싶었다. 그러나 참았다. 다만 침묵으로, 표정으로, 분위기로 다음 말을 간절히 기다리고 있다는 표시를 했다. 데카르트는 그 뜻을 금방 알아챘다. 잠시 머뭇거리더니 지난날을 회상하며 입을 뗐다.

30여 년 전. 데카르트가 새로운 철학을 찾아 헤매던 시절. 그는 전쟁의 와중에 있던 독일 어느 지역의 난로 방에 있었다. 1619년 11월 10일에서 11일로 넘어가던 밤에 그는 세 개의 꿈을 꿨다. 이 꿈은 데카르트의 인생을 결정짓는 분기점이 됐다. 그는 이 꿈을 통해 자신이 무엇을 해야 하는지 깨닫게 됐다. 신께서 새로운 철학을 정립하라는 계시를 줬다고 받아들였다.

이 꿈을 꾼 후 그는 거의 10년을 여행했다. 확실한 철학을 정립하기 위해서는 그만큼의 공력과 정성이 들어가야 했다. 그는 세상을 두루 구경하며, 명료하고 확실한 철학을 정립하기 위한 지식과 지혜를 쌓아 갔다. 그의 철학은 무르익어 갔고, 세상은 조금씩 그가 새로운 철학을 정립해 가고 있다는 걸 눈치채기 시작했다.

1627년, 그는 오라트리오회 소속 신부들과 접촉했다. 거기에는 베릴 추기경이 있었는데, 이 사람은 데카르트 철학에 흠뻑 매료돼 있었다. 그는 가만히 있을 수 없었다. 그는 그가 갖고 있던 모든 권위를 가지고 데카르트의 앞날을 축복했다. 그는 데카르트의 길이 단지 개인적인 길이 아니라 새로운 시대를 위해 신께서 부여한 소명임을 강조했다. 이 일은 데카르트를 크게 감동케 했다. 그리고 이듬해인 1628년 데카르트는 네덜란드로 향했다. 자신에게 주어진 소명을 다하기 위해서.

슐루터는 데카르트의 이야기를 감명 깊게 들었다. 그런 사연이 있었기에 한평생을 그렇게 싸워 올 수 있었다는 걸 알게 됐다. 그것 역시 '생각하는 나'의 힘이겠구나 하는 깨달음이 들었다.

"그럼, 주인님은 그 소임을 완수했다고 생각하시나요? 이곳 네덜란드에서."

"나도 그걸 정확히 구분하기 어렵더구나. 헷갈렸지. 그래서 스웨덴행을 잠시 보류했던 거고. 그런데 이젠 확신이 든다. 이곳에서의 내 소임은 다 했다고. 이젠 새로운 곳을 향해 떠나야 할 때라고."

"그 확신 자체가 틀린 것일 수 있잖아요. 제 생각에는 아직 못다 이루신 일이 남은 것 같은데요. 주인님의 철학을 제대로 아는 이는 극히 소수예요. 실은 제대로 들어 본 이도 많지 않죠. 네덜란드에서 이 정도라면 다른 곳에서는 오죽하겠어요. 최근의 일로 맘이 약해지신 탓 아닐까요?

저는 어제 사람들이 주인님을 너무 몰라본다는 데 분노했어요. 그렇게 막 대할 수 있는 분이 아니신데 너무도 떳떳하게 만행을 저지를 뻔했잖아요. 모두 제대로 생각하지 못하기 때문이겠죠. 이곳에서도 아직 하실 일이 많아 보입니다. 다시 생각해 보시는 게 어떠세요? 보잘것없는 힘이지만 있는 힘껏 주인님을 보필해 드리고 싶습니다."

"그 맘 고맙게 받겠다. 하지만 이 결정 역시 신께서 내게 보여 주신 것이란다. 내가 임의로 판단한 게 아니야. 사실 말이다. 또 꿈을 꿨단다. 꿈을……."

데카르트는 잠시 머뭇거렸다. 꿈속에서 메르센에게 이야기한 걸 제외하면 아무에게도 하지 않은 꿈 이야기였다. 포도주 때문인지 생각보다 앞서 입이 움직였다. 데카르트는 슐루터에게 제독이 오기 직전 꾸었던 꿈을 술술 이야기해 줬다. 슐루터는 입술을 꼭 다물다가, 눈을 감기도 하고, 고개를 끄덕이며 이야기에 심취했다. 데카르트는 최근의 상황이 그 꿈에 딱 맞아떨어진다며, 신이 스웨덴으로 인도하신다며 이야기를 맺었다.

"아니죠, 주인님. 제 생각은 다릅니다."

슐루터가 목소리를 조금 높여 말했다. 이 말을 뱉자마자 슐루터는 깜짝 놀랐다. 슐루터 스스로 '자신'의 생각을 이야기했기 때문이다. 주인의 이야기와는 다른 것으로써, 이전의 슐루터라면 상상할 수 없는 발언이었다. 그는 자신을 다시 보며 놀랐고, 자신을 대견스럽게 생각했다. 그리고 말을 이어 갔다.

"이 꿈에서 중요한 것은 얼음 교회예요. 모든 상황이 주인님을 어디로 몰아가느냐면 얼음 교회예요. 얼음 교회, 말이 된다고 생각하세요? 마귀나 사탄의 나라가 아니고서야 어찌 교회가 얼음일 수 있겠어요. 그건 마귀가 주인님을 속여 이곳을 떠나게 하려는 거예요.

주인님께서는 오랫동안 네덜란드에서 활동하셨어요. 그 결과 학자 중 반대파와 지지파가 생겼어요. 비록 자세한 내막은 모르지만 일반인도 주인님의 명성을 서서히 알아 가고 있어요. 주인님의 활동이 서서히 열매 맺고 있는 거죠. 반대파가 그렇게 설치는 것도, 그대로 두면 안 될 정도로 주인님이 활약하고 계시기 때문인 거죠.

잘 생각해 보세요, 주인님. 이제 거의 정상에 오르신 거예요. 산도 막바지가 힘들잖아요. 마귀 놈들도 꼭 성공 직전에 설친다고 들었어요. 그 꿈은 필시 주인님을 꾀어내기 위한 마귀들의 수작임이 틀림없어요. 네덜란드에 남으세요, 주인님."

슐루터는 마귀라는 말을 입에 담으면서 더 자신 있게 말했다. 데카르트도 슐루터의 그런 태도를 놀라워했다. 정말 말을 잘한다는 생각이 들었다.

"알았다. 네 뜻은 이해했으니 나머지는 내가 알아서 하마."

"주인님. 스웨덴은 신의 땅이 아니라 마귀의 땅임이 틀림없어요."

"알았다 하지 않았느냐. 이제 그 이야기는 그만하거라."

슐루터는 더는 그 이야기를 할 수 없었다. 데카르트의 명령이었기에. 그는 대신 다른 걸 물었다.

"주인님, 주인님은 꿈에서 어딘가로 가셨잖아요. 그곳이 어디예요?"

"내가 가려 했던 그곳 말이냐? 그곳은 장소가 아니야. 그곳은 내 삶의 목표겠지."

"장소가 아니라고요? 그럼 새로운 철학인가요?"

"정확히는 새 철학을 만들어 낼 어떤 방법을 찾았단다. 방법!"

"방법이요? 옷 입는 방법, 여자를 꾀는 방법, 그럴 때의 방법이요?"

"그렇지. 무슨 일을 할 때면 항상 필요한 게 방법이지. 방법대로 하면 쉽고 편하면서도 잘할 수 있잖아. 나는 생각을 잘하게 해 주는 방법을 찾았어. 조금 어려운 말로 하자면, 이성을 잘 인도하여 진리를 탐구할 수 있게 해 주는 방법이지. 이성이란 정신하고 비슷한 말인데, 생각하게 해 주는 힘을 갖고 있지. 사람이 동물과 다른 점은 생각한다는 거잖아. 바로 이성이 있기 때문이야."

"주인님 같은 분에게만 있는 거죠? 저 같은 하인에게는 있을 리 없고."

"아냐, 그렇지 않아. 이성이란 양식은 누구에게나 공평하게 분배되어 있어. 그게 중요해."

"정말요? 그런데 저는 그 사실도 모를뿐더러 그런 능력을 써먹어 보지도 못했는데요."

"당연하지. 이가 있다고 해서 저절로 음식이 씹히는 거 아니잖아. 사용해야 음식을 씹는 거지. 이성도 마찬가지야. 써먹기 전에는 이성의 능력을 맛볼 수도, 활용할 수도 없어.

써먹는 사람에게도 문제점은 있어. 제대로 활용하지 않으면 틀린 걸 맞다고 억지 부리는 경우도 있어. 넌 1+1이 얼마라고 생각하지?"

"그건 2죠. 사과 하나에 사과 하나를 더하니 두 개가 되잖아요."

"그렇지. 하지만 그렇게 답변하지 않는 사람도 있어. 어떤 사람은 11이라고 해. 1 옆에 1을 하나 더 그대로 붙인 거지. 어떤 이는 1이라고도 해. 물 한 방울에 다른 한 방울을 더해도 결국 한 방울이 된다는 거야. 3이라는 사람도 있어. 남자 한 명과 여자 한 명이 만나면 자식이 생긴다는, 우스운 이야기지.

이성을 갖고 있더라도 잘못 사용하면 이렇듯 답이 달리 나오게 돼. 그리고 서로 자기가 옳다고 싸우지. 어설프게 이성을 활용하는 경우가 더 문제야. 내가 고민하면서 해결하려 했던 문제가 바로 이것이었지.

이성을 잘못 사용하게 되는 원인은 이성을 잘 활용하는 방법을 모르기 때문이야. 그 방법만 안다면 슐루터 너도 얼마든지 나와 같은 사고를 할 수 있어. 잘못 생각하고 있는 사람들도 뭐가 잘못이었고, 뭐가 옳은 것인지를 알게 돼."

자기 같은 하인에게도 데카르트 같은 사고 능력이 있다는 말에 슐루터는 충격을 받았다. 주인이 찾았다는 그 방법에 관심이 생겼다.

"주인님! 저…… 그 방법이란 걸 저도 배우고 싶어요. 그래서 저도 주인님만큼은 아니더라도 비슷하게 흉내 정도는 내고 싶어요."

"넌 이미 그 방법을 배워 가고 있어."

"배워 가고 있다고요?"

"응. 나중에 깨닫게 될 거야."

신의 존재를
증명하다

모처럼 유쾌한 시간이었다. 슐루터는 음식물이며 접시를 모두 내갔다. 데카르트는 다시 홀로 남았다. 미완의 소임을 이뤄야 한다던, 슐루터의 뜨거운 열정이 여전히 방 안에 남아 있었다. 젊었을 적 자신의 모습과 비슷하다고 데카르트는 생각했다. 자신을 돕고 싶다는 슐루터의 진심 어린 말이 떠올랐다. 그 맘이 반갑고 애틋했다.

'미완의 소임이라…….'

혼란과 혼돈의 시대. 갈등과 긴장의 시대. 지는 해와 뜨는 해가 교차하던 시대. 데카르트의 시대는 그랬다. 새 시대의 도래를 갈망하는 이와 새 시대의 임박을 두려워하는 이가 한 공간에 공존했다. 과학을 기치로 내건 사람들은 새 시대가 열리기를 갈망했다. 데카르트는 그 모든 기대의 정점에 있었다. 데카르트를 아는 이들은 데카르트가 꽉 막혀 있던 기운을 뚫어 주기를 기대했다. 새로운 철학으로 새로운 세계를 열어 달라고 염원했다. 그러나 그것만이 전부는 아니었다.

데카르트는 또 하나의 숨겨진 소임을 생각했다. 이 소임 또한 막중하고 위대하다 할 만했다. 비밀리에 진행해 온 일이었다.

생명 연장! 데카르트는 사람의 생명을 연장할 수 있는 방법을 찾았다. 그것이 또 하나의 소임이었다. 건강이나 생명의 문제는 데카르트의 평생 관심거리이기도 했다. 그는 늘 건강 문제로 인해 골치를 앓았다. 건강해지고 싶었고, 건강해질 방법을 찾았다.

그의 철학도 생명 연장의 방법에 대한 확신을 부여했다. 그는 몸을 정밀한 기계로 봤기에, 적절한 방법만 찾아낸다면 생명 연장이 얼마든지 가능하리라 확신했다. 시계가 태엽만 감아 주면 알아서 돌아가듯이, 사람의 몸 또한 그러리라고 추측했다.

사랑하는 사람들의 질병과 고통도 중요한 계기였다. 프랑신! 데카르트의 딸이었다. 데카르트는 정식으로 결혼하지 않았기에 공식적으로 드러낼 수 없었던 딸 하나가 있었다. 사람들에게 조카라고 소개하기도 했다. 그녀는 어쩌면 데카르트가 평생 가장 사랑한 사람이었다. 그녀의 어머니는 헬레네 얀스였는데, 데카르트가 네덜란드에 정착했던 초기 집주인의 하녀였다. 그녀는 데카르트의 일을 맡았는데, 글을 읽을 줄 아는 소양을 갖춘 여자였다. 그녀는 곧 데카르트의 연인이 됐고, 둘 사이에 태어난 딸이 프랑신이었다. 데카르트는 프랑신을 끔찍하게 사랑했다. 눈에 넣어도 안 아프다는 말 그대로 애지중지했다.

불행히도 데카르트가 그렇게 아끼던 프랑신은 태어난 지 5년 만에 죽고 말았다. 사랑의 깊이만큼 상실감도 컸다. 프랑신의 어머니와의 관계도 끝이 났다. 피붙이로부터 느낄 수 있었던 삶의 기쁨과 환희도 끝났다. 불행은 거기에서 끝나지 않았다. 프랑신 이후로 데카르트의 누나나 아버지도 그의 곁을 떠나갔다. 철학만을 바라보며 달려왔던 그는 사랑하는 사람들이 곁을 떠나가자 무척 힘들어했다. 죽음에 대해 많은 생각을 하게 됐다.

자신도 늙어 가고 있다는 걸 데카르트는 깨달았다. 머리카락이나 수염은 서서히 희끗희끗 변해 갔다. 늙어 간다는 건 죽음의 문턱에 다가가고 있다는 걸 뜻했다. 그는 몸에 관해 관심을 가졌다.

데카르트는 건강히 100세 넘게 살고 싶었다. 육식을 거의 끊고 채소와 과일 위주로 식습관도 바꿨다. 구체적인 연구 활동도 병행했다. 몸의 작동 원리를 파악하기 위해 동물의 사체를 해부하며 구조를 파악하려 했다. 사체는 정육점에 가서 얻었다.

생명 연장 연구는 주위 사람들로부터 엄청난 지지와 격려를 이끌어 냈다. 그들은 데카르트라면 충분히 그 방법을 찾을 수 있으리라고 확신했다. 개인적인 다급함, 주위의 기대와 시선을 받으며 데카르트는 그 연구에 몰두했고, 그 또한 자신이 해결해야 할 중요한 소임으로 받아들였다. 그러나 이 연구는 은밀하게 추진됐다. 공개적으로 드러낼 경우, 자신의 철학보다 더 많이 주목받게 될 것이 뻔했기 때문이다.

육신과 영혼의 관계를 파악하는 것도 이 연구의 목적 중 하나였다. 둘이 분리된다고 주장했지만 스스로도 둘 사이의 오묘한 관계를 인정할 수밖에 없었던 데카르트였다. 돌이켜보면 데카르트의 사고도 자신의 몸 상태와 긴밀하게 관련돼 있었다. 몸이 아플 때 생각은 정지됐고, 몸이 회복돼야 생각 또한 회복됐다. 생각의 수준도 몸 상태에 따라 달랐다.

인정하기는 싫지만 그에게 있어서 정신이 최고조에 다다랐던 시기는 사랑하는 사람과 함께할 때였다. 연인이나 딸과의 교류는 특별한 감정과 사고를 경험하게 해 준 특별한 순간이었다. 딸 프랑신과의 교류가 그랬고, 평생의 연인이었던 엘리자베스 공주와의 교제가 그랬다. 그들과 함께할 때 그의 정신은 맑고 드높았으며 자유로웠다.

동물의 사체를 해부하면서 데카르트는 영혼과 육신의 관계도 규명해 보려 했다. 어느 부위를 통해서 영혼이 육신과 접촉하게 되는지 알아보고 싶었다. 나중에는 뇌의 일부분인 송과선을 통해서 사람의 몸과 영혼이 연결된다고 주장하기도 했다.

생명 연장의 연구는 사실상 포기했다. 몸의 작동 원리를 이전보다 더 이해할 수 있었지만 생명 연장의 비법을 캐내는 데는 다다르지 못했다. 연구를 더 하고 싶어도 네덜란드 땅에서 계속하기는 어려웠다. 그의 철학에 반대하는 무리 때문이었다. 그들은 늘 트집 잡을

꼬투리를 찾았다. 데카르트를 공격할 만하다고 여겨지는 것들은 모조리 그들의 관심 대상이었다. 동물의 사체를 가져다 해부하는 연구는 누가 보더라도 섬뜩한 행위였다. 마귀의 짓거리에 빗대기 딱 좋은 짓이었다. 빌미를 제공하지 않기 위해 그만두는 게 상책이었다.

'네덜란드에서 이 연구를 더는 지속하기 힘들어. 이 연구를 위해서는 충분한 시간과 지원이 필요한데 여기서 그걸 기대하기는 불가능해. 철학적 소임보다 더 힘든 일일 수 있는데, 이래서는 어렵지……'

데카르트는 스웨덴을 생각해 봤다. 스웨덴의 힘은 강해져 있었다. 그 나라의 여왕이 직접 자신을 불렀다는 사실을 상기했다.

'여왕이 후원해 준다면 그 연구에 다시 도전해 볼 수 있지 않을까? 충분히 가능하지. 여왕이 지지해 주는데 누가 반대할 수 있겠어. 그곳에서 마지막 정열과 열정을 불태워 볼까? 연구에 성공한다면 그야말로 엄청난 일인데. 이 연구 성과를 거부하거나 반대할 사람이 누가 있겠어. 세상 모든 사람이 내게로 와서 그 비법을 알려 달라고 하겠지?'

야릇한 흥분감이 기분 좋게 올라왔다. 멈췄던 피가 다시 도는 것 같았다. 꿈을 대비해 봤다. 스웨덴은 쫓겨 달아난 곳이 아니라 신께서 인도하신 땅으로 해석할 수도 있었다. 지푸라기로, 물방울로 변해 버린 사람들이 살려 달라던 외침은 모든 인류의 간절한 메시지 같았다. 인류가 그 소임을 이룰 땅인 스웨덴으로 데카르트를 보내는 것으로 보였다.

'스웨덴행은 신의 새로운 섭리가 되는 거야. 미완의 소명을 완수할 수 있는 마지막 기회! 겉으로는 철학 교사 행세를 하면서, 속으로는 생명 연장의 소명을 위해 스웨덴으로 가 볼까!'

밤은 깊었고, 데카르트의 고민 역시 깊었다. 창문을 통해 밖을 내다봤다. 어둠이 짙게 깔려 있어서 보이는 건 없었다. 하늘을 쳐다봤다. 흐릿한 초승달이 하늘에 살짝 걸쳐 있었다.

"데카르트 님, 괜찮으신가요? 왜 그런 일이 자꾸 벌어지는지 원!"

방으로 들어오자마자 제독은 툴툴거리며 물었다. 이전보다 상당히 흥분해 있는 상태였다. 그는 문을 쾅 닫고 데카르트가 앉아 있던 창가로 다가갔다. 데카르트는 말없이 제독의 움직임을 살폈다.

"아직도 이곳에 미련이 남아 있으십니까? 이곳 사람들은 데카르트 님께 아무런 미련도 없는 것으로 보입니다."

데카르트는 가만히 앉아서 제독의 말을 들었다. 격식과 예의를 차리던 이전에 비하면 무례하기 짝이 없었다. 술집에서의 사건으로 인해 데카르트가 스웨덴으로 갈 수밖에 없다고 자신하는 투였다. 데카르트는 불쾌했지만 태연하게 듣고만 있었다. 반응이 없어 무안했던 탓인지 제독은 겸연쩍은 얼굴로 흥분을 가라앉혔다.

신의 존재를 증명하다

7

"데카르트 님, 아직도 미련이 남은 게요? 뭘 망설이고, 뭘 고민하십니까? 철학자들은 생각이 너무 많은 게 탈이라면 탈이 아닌가 싶소이다. 여기서 이렇게 허송세월하지 말고 하루라도 빨리 이곳을 떠나시는 게 좋지 않겠습니까?"

있는 그대로의 사실을 말하는 것 같았으나 얼른 스웨덴으로 가자는 으름장이었다. 데카르트는 어떻게 대응할 것인지 고민했다. 제독의 말에 지금 화답할 것인지, 좀 더 지켜볼 것인지 또 고민했다. 그러나 지금이 그때는 아니라고 생각했다. 그럴 경우 제독은 데카르트를 승전국이 획득한 노획물로 여길 것 같았다. 공식 문서를 요청해두었다는 제독의 말이 떠올랐다. 그때까지 결정을 미뤄도 아무런 문제는 없었다.

"그 문제는 제독이 관여할 바가 아니잖소. 그건 여왕과 나 사이의 문제이지 제독이 끼어들 자리가 아닌 듯싶소. 여왕님의 분부가 나를 잘 모셔 오라는 것 아니었소? 나더러 가자 말자 하라는 분부는 없었을 텐데. 안 그렇소?"

"물론 그렇죠."

데카르트의 한마디로 제독은 꿀 먹은 벙어리가 됐다. 대화를 지켜보던 슐루터는 놀랐다. 의기양양하게 들어와 투덜대던 제독을 다루는 데카르트의 솜씨에 감탄했다. 데카르트는 제독의 말에 답변하지 않았다. 그랬더라면 제독이 쳐놓은 그물에 걸려 곤란했을 것이다.

대신 그는 제독의 말이 적절하지 않다는 걸 지적했다. 남의 말에 휩쓸리지 않으면서 핵심을 잘 간파할 줄 알았다.

"말 나온 김에 한마디 물읍시다. 어제 술집에서 당신의 부하가 내게 무슨 말을 했는지 알고 계신가요?"

"라세 말입니까? 글쎄요. 그건 전해 듣지 못했습니다. 무슨 일이 있었습니까?"

"무슨 일이 있었지요. 당신의 부하는 내게 나의 신앙관을 밝히라고 요구했습니다. 그게 얼마나 월권행위인지 제독은 알고 계시죠? 제게 그런 요구를 했던 사람들은 성직자나 신학자 정도의 사람들이었습니다. 그런데 일개 군인이 내게 그걸 요구했습니다. 있을 수 있는 일인가요?"

"……."

제독은 아무 말도 하지 않았다. 데카르트는 더 몰아붙였다.

"더 어이없는 게 있었습니다. 그는 일부러 많은 사람 앞에서 세상에 떠도는 이야기들을 사실인 양 떠들어댔습니다. 내가 가톨릭에서 보낸 스파이가 아닌지 묻더군요. 그 말의 진위를 떠나서 당신의 부하가 제게 그런 말을 할 수 있는 겁니까?"

"……."

"왜 말이 없으십니까? 저는 몹시 불쾌합니다. 군인의 첫째가는 계율은 자신의 책무를 다하는 것 아닙니까? 스웨덴 군인은 그렇지 않은가 보죠?"

제독의 얼굴이 일그러졌다. 군인의 자존심을 건드렸기 때문이다. 데카르트가 자신의 부하 한 명을 나무란 게 아니라 스웨덴 군인 전체를 싸잡아 비판했다고 느꼈다. 정적이 흘렀고, 그 사이 제독의 분은 점점 타올랐다. 그러나 상대는 철학자였다. 생각이 많고, 말을 조리 있게 할 줄 아는 교활한 능력을 갖춘 철학자였다. 분을 그대로 표출했다가는 다시 당하고 말 게 뻔했다. 전쟁에서 이기기 위해서 전투에 패배할 필요가 있었다. 전투에서 승리한 군대는 승리의 쾌감에 취해 우쭐해지기 마련이다.

"미안합니다. 제가 부하 단속을 제대로 못한 것 같군요. 술기운 때문에 그러지 않았겠습니까? 이해해 주십시오."

데카르트는 표정 변화 없이 대꾸하지 않았다. 제독은 데카르트의 눈치를 살피며 치고 들어갈 틈을 찾았다. 제독은 데카르트가 처한 상황을 떠올려 봤다. 그가 보기에 데카르트는 스웨덴행을 선택하는 것 외에 대안이 없었다. 데카르트가 스웨덴행 배를 타는 순간부터 주도권은 자신에게 있게 될 터였다. 복수의 기회는 얼마든지 있게 마련이다. 그 생각을 하자 입가에 미소가 슬그머니 번졌다. 서두를 필요가 없었다.

"그런데 저 역시 여쭤 보고 싶은 게 있습니다. 공적인 자리도 아니고 하니 불쾌하다고 물리치지 말아 주십시오. 데카르트 님은 이미 유럽에서 유명해지셨습니다. 스웨덴의 식자층 사이에서도 그렇죠. 스웨덴에 가시면 눈으로 확인하실 겁니다. 관심이 많다 보니 설왕설래 오가는 말도 많습니다. 제 부하도 그 말을 들었을 겁니다. 저 역시 그 말 중 하나를 궁금해하고 있습니다. 어차피 그곳에 가면 부딪칠 문제일 테니 알아둘 겸 들어 주시지요."

데카르트는 제독의 말에 솔깃했다. 그는 자기에 대한 숱한 풍문이 나돈다는 걸 알고 있었다. 스웨덴 사람은 뭐라고 하는지 궁금했다. 데카르트에게는 불모지인 스웨덴에 대한 정보가 필요했다. 아무 정보 없이 갔다가 어떤 일이 벌어질지 은근히 걱정하던 차였다. 들어나 보고 싶었다.

"물어보시지요."

제독은 고개를 끄덕였다. 그러더니 의자에서 몸을 일으켜 얼굴을 데카르트의 얼굴 앞으로 불쑥 가져갔다. 데카르트는 깜짝 놀랐다. 데카르트는 누군가가 자기에게 가까이 다가오는 것을 좋아하지 않았다. 얼굴을 얼른 뒤로 뺐다. 제독은 데카르트의 거부 의사를 신경 쓰지 않았다. 제독은 입을 데카르트의 귀에 바짝 대려 했다. 귓속말하려는 것이란 걸 알고서 데카르트는 가만히 있었다. 제독은 자신의 입을 데카르트의 귀 옆 가까이 들이댔다.

"데카르트 님, 당신 정말…… 가톨릭의 스파이 아니십니까? 신을 믿기는 하시는 겁니까? 하하하."

음험한 미소를 띠며 제독은 말을 마쳤다.

"뭐라고요? 스파이 아니냐고요?"

데카르트는 몹시 화를 내며 자리에서 일어났다. 제독은 그의 부하가 했던 무례한 질문을 일부러 반복했다. 그것은 데카르트를 무시한 행위였다. 그러고도 제독은 대수롭지 않다는 듯 말을 이어 갔다.

"소문이 그렇다는 겁니다. 너무 노여워 마세요. 데카르트 님은 스웨덴으로 가실 수밖에 없을 겁니다. 여왕님의 특별한 은택을 입어 초청받아 가시지만, 그곳에는 여왕만 있는 게 아닙니다. 그곳 사람들이 그런 의심의 눈초리로 보고 있다는 걸 명심하세요. 괜히 고집 피우시며 적을 만들지 마세요. 적은 네덜란드로 충분하지 않나요? 제가 큰 힘이 되어 드릴 수도 있습니다. 잘 생각해 보세요."

제독은 공손하게 인사를 했다. 슐루터는 제독의 인사가 겉보기와는 다른 위협이란 걸 알았다. 인사를 받은 데카르트는 주먹을 불끈 쥐었다. 그러나 그것이 전부였다. 제독을 향해 할 수 있는 건 없었다. 당당히 걸어 나가는 제독의 뒷모습을 멍한 눈으로 지켜봤다. 장밋빛 미래가 펼쳐질 수 있으리라 기대했던 스웨덴에 대한 환상이 순식간에 깨져 버렸다. 불길했다.

슐루터는 옆에서 가만히 지켜봤다. 이러지도 저러지도 못하는 데카르트를 안타까운 눈으로 쳐다봤다. 야윈 데카르트의 주먹이 맥없이 풀렸다. 불쌍했다. 위대한 철학자의 삶이 군화에 무참히 짓밟히는 걸 보니 화가 치밀었다. 하인의 신분만 아니라면 제독을 한 대 쳐 주고 싶었다.

"주인님, 제독의 말이 사실인가요?"

그럴 리가 없다고 확신하면서도 슐루터는 사실이냐고 물었다.

"사실이 아니다."

데카르트는 짧고 강하게 답했다.

"그런데도 사람들은 왜 그따위 소리를 한답니까? 신께서 주신 소명을 이루려고 평생을 몸 바쳐 오신 분한테."

"그러게 말이다. 따지고 보면 나의 철학은 결국 신을 증명코자 한 것이었어. 신을 믿지 못하는 사람을 위해서 신을 보여 주려 했지. 그렇지만 신으로 가는 길이 다르다고 무신론자라느니, 신성 모독이라느니 그러는구나."

"길이 다르다고요?"

"응. 신을 믿는다고 해서 모든 이야기의 시작부터 끝까지 신으로 도배할 필요는 없잖아. 그런다고 신에 대한 믿음이 저절로 생기지는 않거든. 신 또한 증명이 필요한 존재야."

"신은 부모처럼 늘 당연히 있는 분이신데, 신도 증명이 필요하다고요?"

"그럼. 진리란 명확해. 흐리멍덩한 건 진리일 수 없어. 신은 진리 그 자체시니 신도 당연히 분명하게 알 수 있어."

"그래요? 그럼 저를 상대로 증명해 보세요."

슐루터는 반신반의하는 표정으로 주인을 향해 말했다.

"좋다. 너라면 더 가볍게 할 수 있어. 너는 이미 '생각하는 나'를 인정했으니까. 맞지?"

"그럼요. 생각할수록 생각하는 나는 확실히 있더라고요."

"지금까지 우리가 아는 건 그것뿐이야. 우리의 몸도, 주위의 동식물도, 우주도, 심지어는 신도 아직 확실하지 않은 상태야."

"다른 건 몰라도 신마저도 확실하지 않다니……."

"그래서 사람들이 나를 무신론자라고 공격하는 거야. '나'는 있는데 어찌 '신'이 없느냐고, 신이 먼저 있고 내가 있는 것인데, 나만 있다고 하니 신성 모독이라고 하지. 하지만 그렇게만 보는 건 우둔한 거야. 산에 오를 때 단박에 정상으로 올라가더냐?"

"아니죠. 어찌 그래요. 산 아래서부터 차근차근 올라가 마지막에 정상에 도착하는 거죠."

"맞아. 신은 우주의 최정상과 같아. 그 정상에 오르려면 '나'라는 산 아랫부분부터 거쳐야 하는 거야.

생각하는 나는 의심하는 나야. 그런데 의심한다는 건 불완전한 거야. 불완전하니까 의심하는 거지. 완전하다면 의심할 건더기가 하나도 남아 있지 않아."

"그렇죠. 모든 게 완전하다면 그럴 리 없죠."

"생각하는 나는 완전이란 말과 관련이 깊어. 의심하는 나는 완전하지 못하기 때문이지. 즉, 우리에게는 완전이라는 생각이 이미 깃들어 있는 거야. 그럼 이 완전이란 관념은 어떻게 생겼을까? 사람은 모든 게 불완전해. 고로 주위나 나로부터 완전이란 생각은 올 수 없어. 완전한 걸 봐야 완전이란 생각을 하지. 안 그래?"

"그렇죠. 당나귀를 안 보고서 당나귀란 말을 할 수가 없죠. 뭘 봐야 그런 말을 떠올리는 건 확실해요. 그럼 완전이란 말은 어디서 온 걸까요?"·

"나도 결국 그 생각에 다다랐어. 그러고는 깨달았지. 그건 신에게서 온 거라고. 완전한 존재가 있지 않고서는 완전이란 말을 떠올릴 수 없거든. 신이 완전한 존재잖아. 신께서 우리 안에 완전이란 생각을 넣어 주신 거야. 신이 있다는 걸 깨닫고 살라는 거지. 난 이렇게 생각하는 나로부터 신이 존재한다는 걸 깨달았어."

데카르트는 신을 깨달았던 순간을 떠올리며 입술을 지그시 깨물었다. 기나긴 증명을 모두 마친 후 마침표를 찍고 바라보는 것 같았다.

"저 같은 하인에게도…… 신께서 신의 생각을 남기셨다는 건가요?"

"그럼. 신께서는 신을 깨달을 수 있는 흔적을 누구에게나 남겨 두셨어. 감사한 일이야. 더 감사한 일은 신을 깨닫자 이 세상이 너무도 명료하게 보이더라는 거야.

나는 처음 생각하는 나를 깨달으면서 불안한 맘도 있었어. 너무도 확실해 보이는 몸이나 현실이 거짓일 수 있다는 불안감. 몸과 현실은 존재하지만 그것을 내가 확실하게 깨닫지 못하는 거 아닌가 하는 불안감. 그런데 신을 깨닫고 나니 이런 불안감이 말끔히 씻어졌단다.

슐루터, 완전한 신이 우리를 속이거나 우리를 갖고 장난치실 거라고 생각하니?"

"그럴 리 없죠. 도둑이나 사기꾼 같은 불완전한 존재나 그러죠. 신은 분명 선하실 거예요. 거짓이란 전혀 없고."

"그래. 신이 우리에게 잘못된 생각이나 깨달음을 주실 리 없어. 우리가 이성적으로 생각만 잘한다면 확실한 깨달음을 보장해 주시지. 그런데 난 아무리 생각해 봐도 몸이나 우주는 있는 것 같았어. 거짓일 리 없었어. 그래서 확신했지. 정말 몸과 우주는 존재한다고. 선한 신이 그걸 깨닫게 해 주신 거야. 그제야 세상이 선명하고 확실하게 보이더구나.

생각하는 나로부터 시작된 나의 철학은 그렇게 발전해 갔어. 신의 존재를 깨달았고, 그 신으로부터 우리의 몸과 자연, 우주가 존재한다는 걸 분명히 알게 됐지. 나도, 너도 분명 있는 존재야.

생각하는 나는 우주가 시작되는 한 점이었어. 그 점으로부터 시작된 선은 신을 향해 위로 쭉 뻗어 질주했지. 그러고는 땅으로 다시

내려와 우주 곳곳을 누비며 사방으로 퍼져 갔어. 면이 되고, 입체가 되며 우주를 온전히 그려 냈어."

슐루터는 모두가 존재한다는 말을 들으면서 표정이 밝아졌다. 진리를 깨달아가는 사람만이 보일 수 있는 모습이었다. 데카르트는 그걸 금방 알아봤다. 자신이 그 쾌감을 맛본 장본인이었기 때문이다. 데카르트는 진리를 깨닫는 기쁨 이상의 기쁨이 없다는 걸 경험했다. 젊었을 적부터 시작된 그의 철학 여행에서 그는 진리의 산 이곳저곳을 맘껏 탐닉했다. 그의 방법은 그를 진리의 산 깊은 곳까지 다다르게 해줬다. 슐루터는 이제 막 그 산의 입구에 서 있었다.

슐루터는 모든 것이 명쾌해지는 느낌을 받았다. 데카르트의 방법은 정말 달랐다. 결론은 다를 바 없었다. 신도, 자연이나 우주도, 나도, 우리도 아무 일 없이 존재했다. 그러나 데카르트는 그 하나하나가 정말 존재한다는 걸 깨닫게 해 줬다. 그냥 있는 게 아니라, 이러니까 존재할 수밖에 없다는 걸 증명해 줬다. 세상은 이전보다 더 선명해졌다. 세상은 원래대로, 아니 원래보다 더 굳건하고 확실하게 돌아가는 듯했다.

'생각하는 나'로부터 우주에 이르기까지의 과정을, 데카르트는 시냇가의 물이 흘러가듯이 매끄럽고 빈틈없이 설명했다. 슐루터는 탄복했다. 교회 성가대로부터 흘러나오는 천상의 노래 한 곡을 감상한 느낌이었다. 알아듣지 못하는 말이 꽤 있었지만, 그 흐름만큼은 분명하게 잡을 수 있었다. 데카르트가 위대해 보이고, 대단해 보였다.

"주인님이 말씀하신 그 방법을 적용하신 거죠? 그 방법을 이용해 이렇게 생각해 내신 거죠?"

"그렇지. 전부 그 방법의 힘이었어."

"그 방법을 제게도 알려 주세요. 그걸 꼭 배우고 싶어요."

"꼭 배우고 싶으냐?"

"네."

"좋다. 길게 설명할 것 없이 아주 간략하게 네 가지로 줄여서 설명해 주마. 넌 쉽게 이해할 수 있을 거야."

알려 주겠다는 데카르트의 말에 슐루터가 자세를 가다듬었다. 자신을 위해서 간략하게 설명해 준다는 말에 정신이 번쩍 들었다. 하나도 놓치지 않고 배워 보겠다는 슐루터의 자세를 본 데카르트는 만족스러워하며 이야기를 이었다.

"첫째는 말이다. 의심의 여지 없이 정말로 확실한 것 외에는 사실로 받아들이지 말라는 거다. 언제나 이 자세를 갖추고 문제를 풀어가되, 일머리가 있어야 해.

문제를 가능한 한 잘게 나누라는 게 두 번째 방법이야. 문제가 너무 크면 다루기가 힘들잖아. 피자를 편하게 먹으려면 적절한 크기로 조각을 내는 이치와 똑같아."

"그 방법은 제가 아주 잘 알죠. 집안일을 할 때 먼저 하는 게 그

거예요. 해야 할 일을 조목조목 나눈 다음 담당자를 정해 분배하면 아주 편하게 할 수 있어요. 셋째는요?"

"셋째는 순서를 생각하라는 거야. 이때 원칙이 있어. 쉽고 단순한 것부터 시작해서 어렵고 복잡한 것까지 차근차근 나아가는 거지. 쉽고 단순해서 누구나 인정하는 것부터 생각해 가야 해. 그런 다음 순서를 살펴보면서 빠트린 게 없는지 검토하는 게 마지막이야. 이게 방법의 전부야."

"정말로요? 그것만으로도 주인님처럼 생각하는 능력을 키워 갈 수 있다고요? 제가 평상시 일할 때의 요령하고 크게 차이가 나지 않네요."

슐루터는 다소 실망스런 기색을 보였다. 듣도 보도 못한 방법이 나올 줄 알았는데, 의외로 평범했기 때문이다. 뭔가 색다른 건 없느냐는 볼멘소리를 했다.

"방법이 너무 평범해서 그러는 게냐? 그러니까 진리지. 진리란 어디에나 두루 적용돼야 하니 쉽고 단순한 법이란다. 하지만 말이 쉽지 실천은 어려워. 특히 의심과 회의가 중요해. 의심해 보지 않으면 예전 생각 그대로 받아들이게 될 뿐 새로운 생각이 나올 수 없어. 곧이곧대로 살고 싶지 않다면 곧이곧대로 받아들이지 말고 부정하고 거부해 봐야 하는 거야. 너 그럴 수 있겠어?"

"어렵죠. 저 같은 하인은 특히. 누군가의 지시를 따라야 하는 신세이니까요."

슐루터는 자신의 처지를 생각하며 긴 한숨을 내쉬었다. 하지만 곧 평상시 모습으로 돌아왔다. 일부러 화제를 돌렸다.

"주인님. 삶이 너무 힘들지 않으세요? 사람이 어떻게 매사에 의심하면서 살아요. 늘 불안하고 불편한 텐데."

"힘들지. 끊임없이 의심하는 사람을 누가 좋아하겠어. 그래서인지 내 주위에는 사람이 별로 없어. 사랑했던 사람들은 대부분 이 세상을 떠났고, 나를 반대하는 적들이 우글거리지. 고독한 삶일 수밖에 없어.

하지만 나는 후회하지 않아. 외롭고 쓸쓸한 길이었지만 나는 나만의 세계를 창조해 냈거든. 예전 사람들이 늘 이야기해 왔던 그런 세계가 아니었어. 생각하는 나 덕택이었지. 그것으로 난 충분히 보상받았어.

그리고 내게는 확신이 있었어. 신께서 나를 버리시지 않고 내게 새로운 세계를 열어 주실 것을! 그 믿음이 있었기에 전면적인 의심을 할 수 있었던 거야. 알아주고 이해해 주는 이가 없어서 좀 외로웠을 뿐이지, 삶 자체가 불안하게 표류하거나 흔들렸던 건 아니야."

"정말요? 신께서 주신 소명감 때문인가요?"

"신앙의 힘이 있었지만 그것만이 아냐. 내 길이 옳다는 확신을 준 게 또 있었단다."

"그게 뭔데요?"

"그건 말이다……. 아마 너는 익숙하지 않을 거야. 그건 바로 수학이란다."

이렇게 말하고 데카르트는 수학 이야기를 풀어 나갔다. 슐루터는 데카르트가 말하는 수학이란 걸 접해 보지 않았던 상태였다. 아주 초보적인 계산에나 익숙할 뿐 추상적이고 형이상학적인 수학은 접해 보지 못했다. 데카르트는 슐루터가 최대한 이해할 수 있도록 천천히 수학에 관해 설명했다.

수학으로
철학 하다

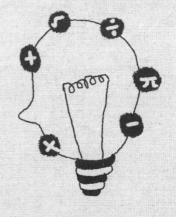

데카르트는 일어서서 책장으로 뚜벅뚜벅 걸어갔다. 책장의 한가운데로 곧장 가더니 멈춰 서서 책 한 권을 꺼내 들었다. 망설임이나 헷갈림 없이 정확하고 익숙한 몸짓이었다. 책이 많아 원하는 책을 곧바로 찾기가 쉽지 않을 텐데도 미적거림은 전혀 없었다. 그 책의 위치를 정확히 알고 있었다. 책을 집어 든 데카르트는 슐루터가 앉아 있던 곳으로 되돌아갔다. 그 책을 책상 위에 놓고 자리에 다시 앉았다. 슐루터는 그 책의 제목을 읽었다.

"유클리드의…… 《기하학원론》?"

처음 보는 책인지라 슐루터는 작은 목소리로 띄엄띄엄 읽었다.

"그래, 맞다."

"갑자기 이 책을 왜 꺼내신 건가요?"

"이 책이 바로 내 방법의 출처란다. 이 책이 있어서 난 흔들리지 않았고 내 길을 확신하게 됐지. 슐루터! 표지만 보고 있지 말고, 펼쳐서 안에 뭐가 적혀 있는지 살펴보아라."

슐루터는 조심스럽게 책의 겉장으로 손을 가져갔다. 어떤 책일까 매우 궁금해하면서 첫 페이지를 펼쳤다. 정의라는 단어가 보였고, 그 밑으로 1, 2, 3 이렇게 번호가 붙어 있는 문장이 쭉 나열돼 있었다. 1은 '점은 부분이 없는 것이다'였다. 그 아래로 선이며, 면 그리고 직선, 원, 삼각형, 평행 같은 용어들이 보였다. 그다음으로는 공준과 다섯 개의 문장, 공리와 다섯 개의 문장이 번호가 붙은 채 기록돼 있었다. 평상시 접해 보던 단어나 문장이 아니어서 슐루터는 천천히 훑어보았다.

"책, 어때?"

한참 동안 책을 살피던 슐루터에게 데카르트가 짧게 물었다.

"솔직히 말씀드리면…… 재미없는데요. 보통 쓰는 말은 거의 없고, 그림이라고 해 봐야 도형만 나오고. 소설처럼 이야기가 있는 책도 아니고."

"맞아. 보통 사람들이 재미있어 할 만한 건 하나도 없어. 게다가 얼마나 오래된 책이라고. 이 책 나이가 몇 살이나 됐을 거 같으냐?"

"글쎄요. 오래됐다고 하시니. 한 몇백 년?"

"아냐. 이 책은 거의 2000년 전에 유클리드라는 그리스인이 쓴 거란다."

"2000년 전요? 그런데도 아직까지 사람들이 이 책을 보는 건가요? 지역도 다르고, 오래돼서 보기 어려울 거 같은데……."

"그렇지 않아. 고대 그리스인이 다룬 수학은 아주 추상적이어서 어느 시대 사람에게나 배울 게 많아. 내용도 내용이지만 이 책이 아직까지도 사랑받는 이유는 책의 구성 방식 때문이란다. 이 책은 생각 잘하는 방법을 아주 분명하게 보여 주고 있어. 자, 1권의 맨 뒤를 펴 봐."

슐루터는 어색한 손놀림으로 뒤적거리다가 47이라고 쓰인 부분을 겨우 찾아냈다.

"1권에는 총 48개의 '정리'가 있어. '정리'란 증명을 통해 주장하고 싶은 이야기라고 보면 돼. 맨 뒤의 정리가 1권이 보이려는 정리의 최종적인 목표야. '피타고라스의 정리'라고 해. 정리47과 정리48이 그걸 다루고 있지. 그런데 1권의 정리는 따로따로가 아니야."

슐루터는 그 정리의 내용을 살펴봤으나 도무지 이해할 수 없었다. 눈뜬 봉사가 된 기분이었다. 데카르트는 그런 반응을 신경 쓰지 않고 말을 이어 갔다.

"피타고라스의 정리는 꽤 어렵고, 증명 절차가 복잡해. 그걸 한꺼번에 이야기하기란 어렵지. 설령 그렇게 한다고 해도 보는 사람이 이해하기 힘들어. 그래서 유클리드는 기발한 방법을 선보였어. 그 정리의 증명에 필요한 절차를 쉬운 것부터 하나하나 설명해 가는 거야. 우리가 여기서 프랑스 파리까지 가기 위해 거쳐야 할 도시를 가까운 데부터 하나하나 가르쳐 주는 것과 같아.

정리1은 그 자체로도 하나의 증명이지만, 정리1은 정리47을 향한 첫 단계야. 파리로 가기 위한 첫 번째 도시인 셈이지. 정리1은 곧바로 정리2의 증명에 응용돼. 정리2에서는 정리1의 내용을 반복하지 않아. 정리1을 바탕으로 해서 새로운 주장인 정리2를 내놓지. 이런 식으로 모든 정리는 마지막 정리를 향해 연결돼 있어."

"아하! 그게 어려운 문제를 잘게 쪼개서 순서대로 나열하라는 방법이로군요."

"그렇지. 용케도 그걸 눈치채다니 슐루터 너 참 똑똑하구나."

"그리 말씀해 주시니 고맙습니다. 헤헤."

슐루터는 데카르트의 칭찬에 머리를 긁적이며 좋아했다. 부끄러워하면서도 자랑스러워했다. 슐루터는 내친김에 질문을 이어 갔다.

"그럼 맨 앞에 나와 있던 정의, 공리, 공준 이건 뭔가요? 정리와 별 상관없어 보이는데요."

"그렇지 않아. 그게 없으면 정리가 제대로 힘을 발휘하지 못해. 정리1은 정삼각형이란 도형을 그릴 수 있다는 거야. 너 정삼각형이 뭔지 아니?"

"아니요. 모르겠는데요."

"바로 그거야. 넌 그 뜻을 모르잖아. 그 뜻조차 모르는 사람에게 그 정리가 무슨 소용이 있겠어. 또 어떤 사람은 알고 있는데 약간 다르게 알고 있을 수도 있잖아. 그럼 같은 정리라고 하더라도 사람에 따라 달리 이해하게 돼. 파리를 모르는 사람이나 다른 도시와 헷갈리는 사람에게 파리로 가는 법을 알려 줘 봐야 헛수고잖아. 그래서 유클리드는 정리에 사용될 용어들의 뜻을 먼저 정확하게 설명해 놓은 거야. 정의를 맨 앞에 빼놓을 수밖에 없었지. 매우 현명하고 감탄할 만한 솜씨야."

슐루터는 정의를 맨 앞으로 빼놓은 이유를 절절히 이해했다. 자신처럼 정삼각형의 뜻을 모르는 사람에게 꼭 필요한 조치였다는 걸 깨닫게 됐다. 정의가 자기 같은 사람을 위한 친절과 배려로 느껴졌다. 유클리드가 고마웠다.

"그럼 공리와 공준이란 건 뭔가요? 이것도 분명 필요한 거라서 앞에다 넣었을 것 같은데요. 그렇게 치밀하고 꼼꼼한 유클리드였다면."

"맞아. 유클리드는 불필요한 건 모두 뺐어. 추리고 추려서 정말 필요한 것들만 남겨 놓았지. 그러니 책이 딱딱하고 재미라고는 하나도 없어 보이는 거야. 공리와 공준이란 건 누가 보더라도 맞다고 인정할 만한 사실이야. 예를 들어 볼까? '전체는 부분보다 크다', '두 점을 연결해 선을 그을 수 있다' 어때 이 말이 틀려, 맞아?"

"당연히 옳습니다. 전체는 부분을 모두 합친 거니까 당연히 부분보다 크죠. 점을 연결해 선을 그을 수 있는 것도 마찬가지이고요. 그럼 다른 것들도 모두 이런 수준의 이야기란 말씀이시죠?"

"응. 모두 옳다고 무릎을 칠 만한 사실들이야. 그런데 만약 이런 공리만으로 어떤 주장을 펼쳤다면 어떻게 될까?"

"그럼 사람들이 그 주장을 잘 받아들이겠죠. 이해도 잘할 테고."

"유클리드가 노렸던 것도 바로 그거야. 유클리드는 정리를 사람들이 잘 받아들이도록 하려면 정리를 공리로부터 뽑아내면 되겠다고 생각했어. 그럼 완벽한 증명이 되는 거지. 유클리드는 증명해 갈 정리를 염두에 두고서 필요한 공리를 먼저 제시했어. 겹치거나 빠진 공리가 없도록 신중에 신중을 기했어. 그게 바로 10개의 공리였어. 이 공리는 이어지는 정리의 증명에 곧바로 활용돼.

정리1은 정삼각형 작도가 가능하다는 거라고 했지. 유클리드는 정리1을 증명하기 위해 그 앞에 제시했던 정의와 공리를 이용했어. 정의15와 20, 공준3과 공리1이 정리1을 증명하는 데 쓰였어. 이것 외에 사용한 게 없으니 정리1은 완벽한 증명이 된 거지.

《기하학원론》은 수학책이야. 하지만 수학 이전에 생각하고, 생각을 전개하는 방법을 완벽하게 보여 줬어. 그 누구도 흠잡을 데 없을 정도야. 이 점 때문에 이 책은 이제까지 살아남게 됐지. 앞으로도 영원히 살아남아 생각이란 이렇게 하는 거란다 하고 사람들에게 영감을 불어넣어 줄 거야.

나는 《기하학원론》을 보고서 생각하는 방법을 발견했고, 그걸 철학에 그대로 적용했단다. 내게는 정말 소중한 책이지. 생각하는 나를 찾도록 해 준 것도 이 책 덕분이야."

"아하. 생각하는 나라는 게 바로 《기하학원론》의 공리 같은 거였
군요. 누구도 의심하지 못할 정도로 확실한 사실! 모든 철학이 시작
되는 토대! 젊은 시절 그걸 찾아 헤매셨을 수밖에 없었던 이유를 분
명히 이해하겠어요. 그걸 찾아야만 철학을 시작할 수 있으니 찾아내
야만 하셨던 거예요."

슐루터는 《기하학원론》 이야기를 듣고 나서야 데카르트가 젊었
을 적에 왜 그렇게 여행하며 방황했는가를 이해하게 됐다. 데카르트
가 방법의 출처가 바로 그 책이라고 말한 이유를 깨달았다. 데카르
트의 방법은 《기하학원론》이 보여 준 사고의 전개 방법과 완전히 같
았다.

"주인님, 그런데 이상한 게 있어요. 이 책이 2000년 정도 됐다고
하셨잖아요. 그럼 수많은 사람이 봤을 텐데 이전 사람들은 주인님처
럼 생각할 줄 몰랐다는 건가요?"

슐루터는 참 이상하다는 듯 물었다. 데카르트의 이야기를 듣고
난 직후에는 그렇게 생각하지 못했다. 수학책을 보고서 생각하는 방
법을 캐낸 데카르트가 위대해 보일 뿐이었다. 그러다 그 이전 사람들
은 왜 그런 걸 몰랐을까 하는 의문이 들게 됐다.

"그걸 왜 묻지?"

"그렇잖아요. 이 책을 본 사람이 한둘은 아닐 거 아니에요? 게다

가 그 사람들이 봉사도 아닐 테고. 다들 똑똑하다는 사람들이었을 거고. 그런데 왜 유독 주인님의 눈에만 그게 보인 거냐는 거예요."

"그렇지. 수많은 이가 이 책을 봤지."

데카르트는 책상 위에 놓여 있는 《기하학원론》을 만지작거렸다. 사랑하는 이를 다루듯 부드럽고 천천히 겉표지부터 한 장 한 장 넘겨 봤다.

"하지만 그들은 나처럼 활용하지 못했어. 이유는 몇 가지가 있지. 가장 큰 이유는 나처럼 수학을 가지고 철학을 하려는 시도를 하지 않았다는 거야. 《기하학원론》을 보고서 수학적 증명의 절차나 방법은 배웠지만, 그걸 그 이외의 영역으로 응용해 볼 꿈을 꾸지 않은 거지. 철학을 할 때 《기하학원론》의 방식을 따르려고 하긴 했지. 그런데 그건 자신의 주장을 《기하학원론》 형식으로 전하려고 했던 거지, 자신의 철학 자체를 그리하려고 했던 게 아니었어."

"그럼 주인님은 어떻게 해서 그런 시도를 하게 된 거예요? 학생 시절 《기하학원론》을 공부하면서 그럴 계획을 세우셨겠군요!"

슐루터는 당연히 그랬을 거라고 생각했다. 데카르트는 잠시 뜸을 들이다가 대답했다.

"사실 나도 처음에는 그런 생각을 못 했단다. 학생 시절 난 수학에 매료되긴 했어. 수학이 보여 준 명료함에 감탄했고, 맘이 끌렸어. 근거가 명쾌하고 확실했거든. 오직 수학만이 그걸 보여 줬어. 하지만 그 당시 난 수학을 가지고 뭘 해 볼 생각은 못 해 봤어. 당시 사람들은 수학을 현실적 문제를 해결하는 데만 응용할 뿐 그 이상의 시도는 하지 않았거든. 나 역시 마찬가지였지. 다만 나는 수학을 통해 진리에 대해 희망을 품게 됐어. 그리고 잘못된 근거에 만족하지 않는 습관이 생겼지."

"그래요? 그럼 언제부터 수학으로 철학을 하게 되신 거예요?"

"계기가 있었단다. 내 인생에서 아주 중요한 순간이었어. 수학 앞에 다시 서게 해 준 만남이 있었어. 군대에서였단다. 난 그날을 똑똑히 기억하고 있지.

1618년 11월 10일 아침, 내가 네덜란드의 브레다 시내를 지나칠 때였단다. 어떤 사람이 벽보에서 가만히 뭘 보고 있었어. 난 궁금해서 다가갔지만 네덜란드어로 쓰여 있어서 읽을 수가 없었어. 그 사람에게 뭐라고 쓰여 있느냐고 물었지. 그랬더니 시큰둥한 표정으로 수학 문제를 풀라고 돼 있다는 거야. 또 물었지. 무슨 문제냐고. 그 사람은 풀 수 있겠냐는 투로 가르쳐 줬어."

"그래서 그 문제를 푸셨어요?"

"알고 보니 그 문제가 상당히 어렵더구나. 그 사람이 나를 시큰둥하게 쳐다볼 만한 이유가 있었더라고."

"그럼 결국 못 푸신 거예요?"

"아니지. 결국 난 풀어냈어. 그래서 다음 날 그 사람 집을 찾아가

답을 말해 줬지. 그 사람은 아주 깜짝 놀라더구나. 전문적인 수학자들도 풀기 어려운 문제였기에 아마추어가 그걸 푼다는 건 낙타가 바늘귀에 들어갈 확률보다 어렵다고 본 거야.

알고 보니 그 사람은 이삭 베이크만이라고 꽤 잘나가는 수학자였어. 우린 그렇게 만났고, 그 후로 친구가 됐지. 그는 나의 수학적 재능을 인정했어. 나 또한 그 일로 인해 내가 재능 있는 수학자란 걸 깨달았지.

우리는 함께 수학을 공부했단다. 그 사람이 문제를 내면, 내가 풀어내곤 했어. 나중에는 음악이나 역학, 순수 기하학 연구도 같이했지. 떨어져 있을 때는 편지로 왕래했고. 난 아침마다 수학을 공부하면서 그 응용 방법을 골똘히 생각해 봤단다. 수학을 수학에만 묵혀두기에는 너무 아깝다고 생각했거든. 그러다 중요한 가능성 하나를 포착했어.

기하학을 순수 수학에만 머물게 하지 않고, 다른 분야에 응용 가능하겠다는 생각을 한 거야. 난 그 가능성을 현실화하기 위해서 연구하고 노력했어. 그 결과 철학 자체를 수학처럼 할 수 있게 되면서 열매를 맺게 된 거야."

"주인님께 그런 인연이 있었군요……"

슐루터는 인연의 소중함에 대해 깊게 공감했다. 데카르트에게는 베이크만이라는 인연이 있었듯, 슐루터에게는 데카르트라는 인연이 있었기 때문이다. 슐루터는 그 인연이 자신의 인생을 어떻게 바꿀지 무척 기대했다.

"사람들이 《기하학원론》을 보고도 놓친 또 다른 이유는 뭐예요?"

"역시나 의심이란다. 이전 사람 중에서 나처럼 《기하학원론》을 응용해 보려 한 사람들은 있었어. 그렇지만 그들은 나처럼 철저히 의심하지 못했어. 공리를 찾는 데 있어서 그들은 관습이나 문화, 종교 등의 장벽을 넘지 못한 거야. 거기서 멈춰 섰어. 공리가 허술하니 철학 자체가 허술할 수밖에."

"여기서도 의심이로군요. 얼마나 깊게 의심할 수 있느냐가 얼마나 깊게 생각하느냐를 결정짓는군요."

"맞아. 의심이 깊을수록 힘들고 외로운 건 사실이야. 하지만 그만큼 철학이란 탑을 견고하면서도 높게 쌓을 수가 있어. 어느 것을 선택하느냐는 자신에게 달려 있지. 나는 철저한 의심을 선택했고, 운 좋게도 의심의 터널을 무사히 빠져나왔어. 슐루터, 수학이 내게 얼마나 큰 의미를 갖는지 이해하겠지?"

"그럼요."

"난 수학을 통해 방법을 발견했고, 그 방법으로 새로운 철학을 정립했어. 그러고는 주장했지. 확실하고 분명한 학문을 하려면 모든 학문을 수학처럼 연구하자고 말이야. 수학처럼만 공부하고 문제를 해결해 간다면 헷갈릴 것이 없고, 답이 틀릴 일이 없다고 장담하며 다녔어. 수학 전도사 역할을 하고 다녔던 거야.

사람들은 나로 인해 수학을 달리 보게 됐단다. 수학은 모든 학문의 기초요, 언어로 자리매김해 갔어. 모든 걸 수로 표현한다거나, 현상을 수식으로 나타낸다거나, 쪼개서 분석한다거나, 증명을 통해서 주장하는 방식 등이 일반적으로 확산됐지. 과학은 말할 것도 없고, 문학이나 예술에서도 그런 분위기가 팽배해졌지. 그런 점에서는 수학이 나에게 감사해야 할 거야. 그 어떤 수학자보다 수학의 위상을 높여 줬으니까."

데카르트는 모든 이야기를 마쳤다는 듯 입술을 다물었다. 왼손으로 《기하학원론》을 집어 올렸다. 책 표지를 천천히 훑어보았다. 데카르트는 《기하학원론》이 자신에게는 지도였다는 생각을 했다. 보물섬을 찾아 나서게 해 준 지도. 슐루터는 회상에 잠긴 데카르트를 가만히 지켜봤다. 그의 손에 들려 있는 책이 유난히 커 보였다. 슐루터는 그 책을 건네받아 하나하나 음미해 보고 싶었으나 차마 말하지는 못했다.

스웨덴으로
가자!

밤이었다. 훤히 드러났던 일상의 속살들이 어둠에 파묻혔다. 길거리를 오가며 데카르트의 집을 향해 고까운 시선을 날리던 자도, 물건을 팔려고 소리 높여 외치던 자도, 꽃을 번갈아가며 날아다니던 나비도 보이지 않았다.

데카르트는 슐루터와 대화하며 들떴던 흥분을 가라앉히고 의자에 앉았다. 밖을 내다봤다. 어둠 속에 뭐가 있는지 잘 보이지 않았다. 풀벌레 소리만이 귓가에 맴돌았다. 자신만이 자신을 바라보고 있었다. 스웨덴 문제가 오롯이 떠올랐다.

'언제까지 미룰 수는 없어. 스웨덴으로부터 공식 문서가 올 날도 멀지 않고. 제독은 전리품을 자랑하듯 그 문서를 내보이며 가자고 할 테지. 그때 뭐라고 할까? 이미 여왕과 약속을 했으니, 문서까지 보여 준다면 따라가야겠지.

하지만 달리 방법이 없어 간다는 건 내게 어울리지 않아. 난 평생을 그렇게 살아오지 않았잖아. 늘 내 생각과 의지를 따라 내 삶의 길을 결정해 왔어. 모든 것의 출발은 생각하는 나야. 이 일 역시 내가 주체적으로 판단하고 결정해야 해. 외부의 어떤 요인에도 영향을 받지 않아야 해.'

데카르트는 명료한 정신 상태를 만들고자 방을 서성거렸다. 일정한 간격으로 숨을 들이쉬고 내뱉으며 몸의 움직임을 호흡에 맞췄다. 눈을 감고, 머리를 들어 올려 몸의 긴장 상태를 이완시켰다. 머리를 좌우로 천천히 돌렸다. 아무것도 없이 텅 비어 있는 정신 상태를 만들고 싶었다. 그 상태에서 결정하려 했다.

'내가 어쩌다가 이 지경까지 이르렀을까…….

유럽 최고의 학교에 다니며 최고의 학문을 섭렵했고, 학교를 때려치우고 세상을 떠돌아다닐 만큼 패기도 있었고, 시대를 뒤엎어 버릴 새로운 철학을 정립해 보겠다는 야망도 있었던 내가 아닌가. 그런데 지금의 비참한 몰골이라니. 내 인생이 왜 이렇게 추락해 버린 걸까.'

데카르트는 지나온 삶을 회고해 봤다. 젊었을 적 그는 자기 인생이 참으로 순탄할 것으로 기대했다. 부유한 가정에서 태어났고, 좋은 학교와 훌륭한 친구를 사귀었고, 비범한 통찰력으로 시대의 한계를 꿰뚫어 봤을 뿐만 아니라 대안으로서의 철학을 형성해 가고 있었기 때문이다. 모든 여건이 아주 좋았다. 크게 모난 행동을 하지 않는 한 안정적인 삶은 보장된 것 같았다.

1633년 11월, 데카르트의 행보에 변화를 일으킨 중요한 사건이 일어났다. 갈릴레이의 재판 소식을 들은 것이다. 이 소식을 듣자 데카르트는 놀랐고, 그의 미래에 먹구름이 끼는 게 아닌가 하고 두려워했다. 데카르트도 지지했던, 지동설을 주장하던 갈릴레이는 결국 교회 권력 앞에 무릎을 꿇었다. 데카르트는 자신도 그렇게 되는 게 아닌가 하고 겁을 먹고서는 계획했던 모든 일을 그만두었다.

네덜란드로 이주하고 1년이 지난 1629년부터 데카르트는《세계 및 빛에 관한 논고》라는 책의 집필을 시작했다. 갈릴레이의 재판이 있기 4년 전이었다. 이 책은 세계가 어떻게 창조되고, 어떻게 작동하는가를 다뤘다. 물리학과 형이상학에 대한 책이었다. 수학을 물리적 세계의 문제를 해결하는 데 적용하여 얻어낸 성과를 담았다. 그는 지동설에 대해서도 확신했다.

데카르트는 준비 중이던 이 책의 출판을 즉시 취소해 버렸다. 자신도 갈릴레이와 같은 꼴을 당할까 봐 아예 빌미를 제공하지 않으려는 의도였다. 심지어는 모든 원고를 불태워 버릴 생각까지도 했다. 데카르트는 자신의 사상과 입장도 교회와 대치되기에, 갈릴레이와 비슷한 처지가 될 거라고 직감했다.

데카르트는 교회와 충돌하지 않도록 조심조심했다. 은둔자처럼 비밀리에 활동하거나, 여기저기 거처를 옮기면서 떠돌아다녔고, 메르센에게만 주소를 알릴 뿐 외부에 자신이 어디 있는지 밝히지 않았다. 하지만 데카르트가 자신의 입장을 아예 접지 않는 이상 충돌은 불가피했다. 다만 그는 이 충돌을 피하거나 무마시키기 위해 최선을 다했다.

1629년에 《형이상학적 논고》라는 책을 쓰고서는 그것을 먼저 신학자에게 보내 검토를 받았다. 신학자로부터 먼저 인정을 받으려고 했던 것인데 실패했다. 신학자들은 그 책의 내용을 인정해 주지 않았다.

1637년 《방법서설》을 출간할 때는 저자의 이름도 적지 않았다. 데카르트 자신을 밝히지 않으려 했다. 그러나 사람들은 곧 데카르트가 그 책의 저자라는 걸 알게 됐다. 데카르트는 이 책을 네덜란드의 출판사를 통해서 불어로 출판했다. 일반인들이 읽을 수 있도록 해서 일반인들로부터 직접 인정을 받으려는 의도였다.

1640년에는 《성찰》을 써서 신학자와 철학자에게 먼저 보내 반론을 받았다. 이 반론에 대해 데카르트는 답변했고, 이것을 묶어 이듬해인 1641년에 출간했다. 모두 책으로 인한 여파를 사전이나 사후에 무마시켜 보려는 시도였다.

신실한 가톨릭교도였던 데카르트는 교회와의 마찰을 원치 않았다. 철학적으로도 그의 의도는 신과 신학을 증명하려는 것이었다. 그러나 사람들은 그렇게 생각하지 않았다. 그들은 데카르트와의 논쟁이나 싸움을 서슴지 않고 벌였는데 대표적인 것이 위트레흐트 논쟁이었다.

위트레흐트 논쟁은 네덜란드의 위트레흐트 대학에서 있었던 논쟁이다. 이 논쟁은 데카르트의 철학을 두고 벌어졌다. 이 대학에서는 데카르트의 철학을 가르쳤는데, 데카르트를 반대하던 신학자들은 데카르트를 무신론자라고 인신공격했다. 편지와 책을 통해 논쟁은 뜨거워졌고, 이 싸움은 1647년에 가장 격해졌는데, 데카르트가 반대자에게 사과 편지를 쓰면서 끝이 났다.

'길고 지루한 싸움이었어. 사상의 자유를 찾아온 네덜란드는 역설적이게도 논쟁의 나라였어.

생각할수록 답답하고 힘 빠지는 일이었지. 마지못해 쓴 것이지만 난 이미 사과 편지를 공개적으로 썼어. 패배를 인정한 셈이지. 그 편지는 이곳에서 영원히 나를 따라다닐 거야. 내가 이곳에서 뭘 할 수 있을까? 나를 그렇게 구박하고 쫓아내려는데 뭘 할 수 있겠어.

스웨덴은 어떨까? 여왕의 후원을 입는다면 뭐든 시작할 수 있어. 철학은 이미 정립되어 있어. 이젠 철학을 펼칠 때야. 철학을 국가와 사회에 적용해 철학의 위대함을 보여 줘야 해. 플라톤이 철학자를 통해 이상 국가를 건설해 보려 했던 것처럼 말이야. 그는 말만 했을 뿐 못해 봤잖아. 그가 못해 본 걸 내가 한번 해 봐?

그래. 나의 철학을 이루기 위해서 여생을 한번 불태워 보는 거야. 여왕의 후원을 입어 제대로 시도해 보는 거야. 생명 연장 연구만 하더라도 스웨덴이 더 나을 것 같아. 그 연구를 위해서는 국가나 권력의 절대적인 지지와 후원이 필요해. 게다가 스웨덴은 더 추운 곳이야. 네덜란드나 프랑스와는 자연환경이 다르지. 몸의 원리에 대해 다른 접근이 가능할 수도 있어.

그래! 스웨덴으로 가자! 얼음 교회는 신께서 내게 예비해 주신 곳이야. 젖과 꿀이 흐르는 천국과 같은 곳임이 틀림없어.'

슐루터는 자기 방으로 들어왔다. 데카르트가 먹고 마신 음식을 뒷정리하고 나니 시간이 꽤 흘러 있었다. 침대에 몸을 실었다. 잠이 오지 않았다. 데카르트의 열정적인 모습, 확신과 소신에 찬 목소리, 수학과 철학으로 뒤범벅된 아름다운 말이 여전히 생생했다.

'잊지 못할 저녁이었어. 평생 잊지 못할 거야. 잊어서도 안 되고. 난 여태 하인의 삶만을 살아왔어. 밥 벌어먹기 위해서는 어쩔 수 없었지. 나를 고용해 줄 누군가를 늘 기다렸고, 그 사람의 말과 지시를 따라야 했어. 나의 삶이란, 내 생각이란 없었어. 생각하는 나……

데카르트 님은 내가 꿈꾸지도 못한 세계를 보여 주셨어. 신보다도, 우리가 살아가는 이 우주보다도, 생각하는 나가 먼저라고 하셨지. 신이 있고, 그 신께서 창조한 우주에 우리가 잠시 살다가는 데도 말이야. 참 놀랍고 두려운 말이야. 누구한테서도 그런 말을 들어 본 적은 없어.

하기야 하인에게 그런 종류의 말을 해 줄 주인도 없지. 그러고 보

면 내가 참 운이 좋은 사람이란 말이야.'

슐루터는 데카르트를 만나게 된 게 기막힌 행운이라고 생각했다. 그러다 행운이 아니라 신께서 그렇게 인도하신 것 같다는 깨달음이 스쳤다.

일을 구하고 있을 무렵, 슐루터는 이웃으로부터 데카르트가 시중꾼을 구한다는 말을 들었다. 어떤 사람인지, 집은 어떤지, 근무 환경은 어떤지 슐루터는 그 이웃에게 물었다. 그 이웃은 철학자의 집인데, 꽤 시끌시끌한 곳이라고 했다. 그 사람을 미워하는 사람이 많아 일하기가 까다로울 거라고도 했다. 주인이 좀 괴팍한 데다 프랑스 사람인데 여기저기 떠돌아다니는 걸 좋아한다고 했다. 은밀하게 숨어 사는데 뭘 하면서 먹고사는지 알 수 없다 했다.

슐루터는 외국인이라는 점과 여기저기 떠돌아다닌다는 말에 끌렸다. 독일인이었던 자신과 외국인이라는 처지가 같았다. 자신처럼 여행을 좋아한다는 말에 더 끌렸다. 다른 사람들이 주저하는 것과는 달리 슐루터는 곧장 데카르트 집으로 가서 일하겠노라고 했다.

데카르트는 생각했던 바와 많이 달랐다. 풍문으로 듣던 모습과는 딴판이었다. 그는 생각보다 왜소했다. 말수가 적었고, 주로 사색하거나 글을 읽고 쓰는 일로 시간을 보냈다. 그는 몹시 지쳐 보였다. 꽤 시끄러운 논쟁의 당사자였다는데 믿기지 않았다. 적을 둘만큼 괴팍한 면도 없었다. 일하기는 오히려 수월했다. 그래서 더 궁금했다. 뭐가 그리 대단하다는 건지 알고 싶었다. 호시탐탐 기회를 노리며 데카르트의 숨겨진 모습을 찾아내려 했다.

'이제야 주인의 진면목을 보게 됐어. 정말 그는 괴팍한 분이셨어. 아무도 해 보지 못한 생각을 해냈고, 그 생각을 접지 않고 여기까지 밀고 오셨잖아. 천성적으로 싸움을 좋아하는 분도 아닌 것 같은데 그 정도로 싸우셨다는 건 그만큼 본인의 철학을 고집했다는 거야.

자랑스럽다. 그런 주인을 모시게 돼서. 행운이다. 그런 주인으로부터 엄청난 철학을 듣게 됐잖아. 정말 영광인걸. 할 수만 있다면 주인을 더 모시고 싶어……. 할 수만 있다면이 뭐야. 어떻게라도 몸 바쳐 주인님을 돕고 싶어.

앞으로도 주인님을 모실 수 있다면 얼마나 좋을까. 여기서 그분과 헤어지고 싶지 않아. 그런 분을 어디서 또 볼 수 있겠어. 여기 계속 머물러 계시도록 해야만 해. 무슨 수를 써서라도!'

슐루터는 일련의 상황을 종합해 봤다. 아무리 생각해도 데카르트가 네덜란드에 남기는 어려워 보였다. 싫어도 갈 수밖에 없는 상황이었다. 게다가 최근의 사건은 데카르트가 이곳을 떠나가게끔, 정을 떼게끔 했다. 깊은 한숨이 길게 터져 나왔다.

'주인님은 떠나가시게 될 거야……. 떠나실 거라고. 이곳을……. 꼭 가져가야 할 것만 챙겨 가시겠지. 책이나 옷, 필기구, 모자와 같이 추억과 사연이 있는 물건들만 가져가실 거야. 불필요한 건 남겨 두고.

주인은… 아마 나를 남겨 놓고 가실 거야. 스웨덴에 가면 시중꾼은 얼마든지 있어. 주인님이 나를 데려가야 할 이유는 없어. 내가 할 수 있는 일은 다른 하인도 할 수 있어. 그런데 나를 데려가시겠어?'

슐루터는 슬퍼졌다. 하인이라는 처지가, 주인님이 데려가실 만큼 특출한 재능이 없는 자신의 모습이 속상했다. 주인을 만나지 않았더라면, 그로부터 생각하는 나라는 철학을 얼핏이라도 맛보지 않았더라면 자신의 처지를 이토록 후회하는 일은 없었을 거라 생각했다. 이불을 끌어당겨 얼굴을 덮었다.

'하느님, 데카르트 님과 함께하고 싶습니다. 여기든 저기든 그가 가는 곳에 저도 가고 싶습니다. 제게 그런 은혜를 베푸소서.'

"메르센! 메르센"

데카르트는 메르센의 이름을 불렀다. 메르센은 여전히 고개를 돌린 채 듣고만 있었다. 데카르트는 연신 이름을 불렀다. 메르센은 쳐다보지 않았다.

"메르센. 난 스웨덴으로 갈 걸세. 거기서 제2의 삶을 살아갈 거야. 못다 이룬 나의 꿈을 이뤄 볼 거라고. 부디 나의 결정을 축하해 주고, 그곳에서도 나를 도와주길 바라네."

"알겠네, 데카르트."

메르센은 고개를 돌려 데카르트를 쳐다봤다. 그의 다정한 미소가 데카르트의 눈에 들어왔다. 데카르트는 다가가 그를 안았다. 메르센도 데카르트를 꼭 안았다. 그의 온기와 애정이 데카르트의 온몸에 전해졌다. 따뜻했다.

데카르트는 웃으면서 꿈에서 깼다. 자신의 결정을 신께서도 지지해 주는 거라고 생각했다.

"안녕하세요, 데카르트!"

오후 두 시경 제독이 환하게 웃으면서 인사를 건넸다. 예고 없이 찾아온 제독을 보면서 무슨 일인가 싶었다. 데카르트는 제독을 모셔온 슐루터에게 나가 있으라고 했다. 슐루터는 꼭 머물고 싶었지만 어쩔 수 없었다. 잠시 머뭇대다가 인사한 후 천천히 걸어 문을 열고 나갔다.

"무슨 일로 그리 좋아하십니까?"

데카르트는 무슨 일일지 예감하면서 태연하게 물었다.

"하하하. 드디어 요청하신 문서가 왔습니다. 여기 있습니다. 자, 보시지요."

제독은 들고 온 함을 조심스럽게 꺼내 테이블 위에 올려놓았다. 긴 직육면체 모양의 파란색 상자였는데, 겉에는 노란색 십자가가 새겨져 있었다. 스웨덴의 국기 문양이었다. 12세기 스웨덴 국왕이 핀란드를 공격할 때 파란색 하늘에서 노란색 십자가를 봤다는 데서 비롯됐다. 스웨덴을 상징하고 있음을 알 수 있었다.

데카르트는 함의 앞쪽에 있는 손잡이를 들어 올렸다. 부드럽고 조용하게 함의 뚜껑이 열렸다. 그 안에는 두루마리처럼 말려져 있는 문서가 놓여 있었다. 데카르트는 그 문서를 꺼내 묶인 끈을 풀었다. 풀어헤치자 동그랗게 말리며 문서가 펼쳐졌다. 데카르트는 문서를 읽었다.

이 시대의 진정한 철학자 데카르트 님께

안녕하십니까? 스웨덴 여왕 크리스티나입니다. 몸 건강히 지내시는지요? 짐은 데카르트 님을 하루속히 뵙기를 간절히 기대하면서 기다리고 있답니다. 이 시대 최고의 철학자를 저의 스승으로 모시게 돼 무척 영광임을 다시 한 번 말씀드립니다. 어려운 발걸음인 만큼 최고의 예우를 다하여 편하게 모시려고 합니다.

플레밍 제독은 스웨덴에서 존경받는 최고의 군인입니다. 제가 직접 모셔야 하나 그럴 수 있는 처지가 아니어서 제 마음을 대신해 제독을 보내게 됐습니다. 조금이라도 불편한 점 없이 모시라고 일렀으니 맘 놓고 제독과 함께 스웨덴으로 오시기 바랍니다. 데카르트 님으로부터 천상의 말을 듣게 될 날을 고대하고 있겠습니다. 편안하고 즐거운 여행길 되시기 바랍니다.

스웨덴 여왕 크리스티나

마지막에는 스웨덴의 인장이 선명하게 찍혀 있었다. 데카르트는 다 읽고 난 후 제독에게 그 문서를 보여 줬다. 제독은 흐뭇해했다. 존경받는 최고의 군인이라는 여왕의 칭찬에 우쭐해했다.

"알겠습니다. 오늘부터 떠날 준비를 하도록 하겠습니다. 며칠이면 될 겁니다. 언제 갈 건지는 하인을 통해 전하겠습니다."

"네. 기다리고 있겠습니다."

제독은 문서를 함에 잘 넣은 다음 조심스럽게 들었다. 방을 빠져나와 아래층으로 갔다. 슐루터의 인사를 받고 집 밖으로 나갔다. 경비를 서고 있는 스웨덴 군인으로부터 경례를 받았다. 제독은 라세를 불렀다.

"라세, 드디어 공식 문서가 왔다. 며칠 있으면 이곳을 떠나게 될 거야. 며칠만 더 고생해 줘. 여왕님께서 데카르트 님을 극진히 모시라고 따로 분부하셨다. 불미스러운 일이 생기지 않도록 며칠간은 더 철저히 경비를 서야 한다."

"네, 제독님."

제독은 라세의 어깨를 툭툭 두드리면서 격려했다. 라세와 다른 군인들은 마차에 오르는 제독에게 경례했다. 마차의 창문을 통해 경례를 받고 난 다음 제독은 출발했다. 슐루터는 가는 제독의 모습을 물끄러미 바라봤다.

"슐루터. 이곳 네덜란드를 떠날 것이다. 제독에게도 그리 일렀다.

떠날 준비를 꼼꼼히 해 주거라."

의자에 앉아 있던 데카르트가 슐루터에게 지시했다. 의외의 이야기는 아니었지만 슐루터는 가슴이 덜컹 내려앉았다. 데카르트에게 더 상세한 내용을 여쭤 보고 싶었다. 그러나 데카르트는 슐루터와 이야기를 더 나누고 싶어 하지 않았다.

"네."

슐루터는 수만 가지 맘을 담아 한마디로 답했다.

"내가 꼭 가져가야 할 것들을 이 방에 따로 둘 테니 하나도 빠짐없이 챙기도록 해야 한다. 내가 각별히 아끼는 물건이 뭔지는 네가 잘 알고 있으니 그것도 알아서 준비해 주고."

"네."

슐루터는 이번에도 '네'라는 말밖에 할 말이 없었다.

스웨덴으로 떠나기로 한 날, 제독은 예정된 시각보다 일찍 와서 준비 사항을 점검했다. 집 안이 어수선하고 맘도 싱숭생숭해 데카르트는 가볍게 산책을 하러 나갔다. 슐루터가 산책길에 가져가야 할 물품을 챙겨 데카르트에게 전했다. 슐루터는 산책하러 갈 준비를 하는 데카르트의 모습을 유심히 바라봤다.

'주인님, 저도 따라가고 싶어요.'

슐루터는 속으로만 외쳤다. 그 맘을 아는지 모르는지 데카르트는 모자와 지팡이를 건네받고 산책을 떠나려 했다. 슐루터는 데카르트가 뒤돌아서 따라오라고 말하기를 기대했다. 그러나 데카르트는 주저하지 않고 혼자서 산책에 나섰다. 어디 가냐고 묻는 제독에게 잠시 마을을 돌고 오겠다고 했다. 경비병을 붙이겠다는 제독의 청을 단호히 거절하고 혼자서 갔다.

데카르트는 마을을 둘러봤다. 산책할 때면 늘 앉아 사색하던 벤치에 가만히 앉아 보았다. 20년이라는 긴 시간을 보낸 네덜란드를 떠난다는 게 실감 나지 않았다. 예상치 않았던 논쟁에 휩싸였던 곳이었지만 그 모든 일이 아련하게 떠올랐다. 추억이란 게 참 무섭다고 생각했다. 그땐 그렇게 힘들고 지긋지긋했는데 이제는 그 일마저도 간직하고 싶은 소중한 추억으로 여겨졌다. 눈을 감자 불어오는 바람이 느껴졌다.

'이 바람을 다시 맛볼 수 있을까? 아마도 그런 날이 다시 오지는 않겠지.'

불확실한 자신의 앞날을 생각하며 데카르트는 입술을 굳게 다물었다. 낯선 곳에서 잘 지낼 수 있을까 하는 의문이 바람을 타고 밀려왔다. 그곳의 바람은 여기보다 더 차가울 것이라고 생각하자 오싹하며 한기가 느껴졌다. 그런 생각에 사로잡힐까 두려워 벤치에서 일어났다. 곧바로 집으로 향했다.

모든 준비는 다 끝났다. 제독은 마차 옆에서 데카르트를 기다렸다. 데카르트가 돌아오는 게 보이자 제독은 데카르트를 향해 걸어갔다.

"데카르트 님, 모든 준비가 다 끝났습니다. 마차에 오르시기만 하면 됩니다."

"네, 고맙습니다."

데카르트는 마차를 타기 전에 집을 한 번 빙 둘러봤다. 손으로 벽돌이며, 정원의 나무며, 나뒹굴던 돌멩이를 만지작거렸다. 이 집에 처음 왔을 때와 크게 다르지 않았다. 하인들이 마차 앞에서 인사하기 위해 기다렸다. 데카르트는 말을 건네지 않고 그들의 얼굴을 쳐다봤다. 슐루터에게 눈길이 갔다. 맘속으로 수고했다는 말을 슐루터에게 전했다. 슐루터는 데카르트를 보다가 고개를 떨구었다.

제독이 재촉했다. 데카르트는 마차에 올라 앞을 바라봤다. 제독이 직접 조심스럽게 창문을 닫았다. 그 순간 데카르트가 갑자기 고개를 옆으로 돌리더니 창문을 열었다. 제독은 왜 그러냐고 물었다. 아랑곳하지 않고 데카르트는 한곳을 바라봤다. 자기가 머물던 이층 방이었다.

데카르트는 이층 창가를 유심히 바라봤다. 그곳에는 꽃다발이 꽃병에 꽂혀 있었다. 주홍색과 노란색 금잔화였다. 이별의 슬픔을 상징한다는 금잔화. 평상시에는 없던 꽃이었다. 누군가가 일부러 꽂아놓은 게 틀림없었다. 슐루터일 거라고 확신했다. 그의 애처로운 마음을 표현해 놓은 꽃이었다. 차마 말로는 못하고 꽃으로 대신한 것이었다. 하마터면 몰라볼 뻔 했다고 생각하자 미안했다. 다행스럽다는 얼굴로 슐루터를 다시금 쳐다봤다. 슐루터는 데카르트를 쳐다보고 있었다. 데카르트는 지긋이 쳐다보다가 슬쩍 말을 건넸다.

"슐루터, 나와 같이 스웨덴으로 가겠느냐?"

"네, 주인님. 스웨덴으로 가서 주인님을 잘 모시겠습니다."

데카르트는 슐루터에게 마차에 오르라고 했다. 자신의 옆자리에 앉혔다. 제독은 당황했다. 그 자리에 자신이 앉으려고 했기 때문이다. 제독은 그럴 수 없다는 몸짓을 했다.

"꼭 데리고 가야 할 하인입니다. 어서 출발하시지요."

"주인님, 고맙습니다."

제독은 어쩔 수 없다는 표정으로 마차의 문을 닫았다. 제독은 다른 마차로 가서 올라탔다. 마차는 스웨덴으로 향하는 배가 있는 곳으로 달려갔다.

부록

데카르트는 천재의 시대라는 17세기를 빛낸 인물 중 한 명입니다. 이 시기는 혼란과 혼돈의 시대였습니다. 철학에는 논쟁과 의심의 여지가 없는 것이 하나도 없다면서, 데카르트가 당대의 시대상을 표현할 정도였습니다. 갈릴레이를 시작으로 한 과학은 그런 변화를 선도한 일등공신입니다. 과학은 실험과 관찰을 통해 이전의 이론을 벗어난 사실들을 밝혀냈습니다. 중세의 세계관은 당연히 빛을 잃어 갔으나 쉽게 그 자리를 내주지는 않았습니다. 종교는 여전히 권력을 쥐고 있었고, 과학은 종교의 눈치를 볼 수밖에 없었습니다. 과학을 중심으로 한 새로운 세계를 지지해 줄 새로운 철학이 시대적으로 요청됐습니다. 이 역할을 해낸 인물이 데카르트였습니다. 그래서 그를 '근대철학의 아버지'라고 부릅니다.

'새로운 방법이 필요하다!' 이것이 새 철학을 만들어 내려는 데카르트가 내린 결론이었습니다. 사람들이 서로 다른 견해를 갖는 이유가 이성의 많고 적음 때문이 아니었습니다. 모든 사람은 이성을 충분히 갖추고 있지만, 잘못된 방법을 따라 이성을 사용하기 때문에 의견이 갈리며 문제가 발생합니다. 문제는 방법이었습니다. 제대로 된 방법만이 제대로 된 철학으로 이끌어 주기에 그 방법을 찾아야만 했습니다.

수학은 데카르트가 그토록 찾던 방법을 제공해 줬습니다. 그것은 공리와 공준을 기반으로 한 연역이었습니다. 누구도 부인할 수 없을 만큼 확실한 공리와 그 공리로부터 주장을 유도해 내는 연역이 그가 찾던 방법이었습니다. 직관과 연역입니다. 이 방법은 유클리드의 《기하학원론》에 명확히 제시되어 있고, 데카르트는 이 방법을 철학에 적용했습니다. 이 방법으로 원하던 철학을 형성하며 재미를 본 그는 모든 학문을 그와 같이하자는 보편학을 주장했습니다.

'모든 것을 부인하고 의심하라!' 데카르트 철학의 첫 출발점입니다. 소위 말하는 '방법적회의'입니다. 방법으로써 회의한다는 뜻입니다. 방법적 회의로부터 출발하는 이유는 분명합니다. 철학에서의 공리를 우선 찾아야 하는데, 공리란 모든 사람이 인정할 만큼 의심의 여지가 없어야 합니다. 그런 공리를 찾기 위해 데카르트는 스스로 모든 것을 철저히 의심했습니다. 세상 그 누구보다도 더 깊이 회의했습니다.

의심과 회의 속에서 데카르트는 우리의 감각과 감각을 기반으로 한 지식뿐만 아니라 확실하다고 하는 수학적 지식마저도 거짓일 수 있다고 결론을 내립니다. 우리가 확실하다고 여기는 모든 것들이 꿈일 수 있고, 악마 같은 신이 우리를 기만하고 속일 수 있기 때문이죠. 이렇게까지 의심하자 이 세상 그 무엇도 확실하다고 말할 수 없게 돼 버렸습니다. 그러나 그 순간 의심할 수 없는 진리를 발견합니다.

'생각하는 나'가 존재한다! 모든 것이 의심스럽고 불확실하지만, 의심하며 생각하고 있는 나만큼은 확실히 존재한다는 것이죠. '생각한다. 고로 나는 존재한다(Cogito, ergo sum).', 줄여서 코기토(Cogito)는 데카르트 철학의 공리가 됩니다. 이 공리로부터 그는 신과 우주, 몸을 연역해 냅니다.

의심은 불완전하기에 하는 것이고, 불완전하다는 생각은 완전이라는 생각으로부터 나옵니다. 그럼 이 완전이란 생각은 어디서부터 오는가? 데카르트는 완전한 존재인 신으로부터라고 합니다. 고로 신은 존재합니다. 그런데 이 신은 선합니다. 완전한 신이 인간을 기만하고 속일 리는 없죠. 이런 신의 도움과 지지로 인간은 올바른 생각을 할 수 있습니다. 인간이 이성적으로 생각하기만 한다면 말이죠. 데카르트는 이성적인 판단을 통해 우주가 존재한다고 확신합니다. 의심으로 시작한 데카르트의 철학 여행은 이렇듯 확실한 지반 위에 서게 됐습니다.

데카르트의 철학은 여러 면에서 중세의 종교적 세계관과는 확연히 구분됩니다. 가장 큰 차이점은 '생각하는 나'가 신보다도 먼저 등장한다는 겁니다. 중세에서는 신이 있고, 그 신으로 인해 인간과 세상은 존재할 수 있었습니다. 그러나 데카르트에게 있어서는 생각하는 주체가 먼저이고, 그 주체의 사유 활동을 통해 신이 사후적으로 등장하게 됩니다. 사람들이 데카르트를 무신론자라고 비판할 만한 이유는 충분했습니다.

인간에 대한 관점에도 큰 차이가 있습니다. 데카르트에게 인간이란 생각하는 존재입니다. 이성을 가지고 사유하는 것이 가장 인간적인 속성입니다. 역으로 말한다면 생각하지 못하는 존재란 인간답지 못한 존재가 됩니다. 생각하는 수준의 정도가 사람됨의 척도가 돼 버렸습니다. 이는 서양인이 아프리카나 다른 대륙의 원주민을 미개인으로 보고 개화한다며 식민 지배했던 모습과 연결됩니다.

사유를 강조하기 위해 데카르트는 사유하는 실체인 정신을 몸으로부터 완전히 분리해 냅니다. 몸과 정신을 구분하는 이원론적 사고입니다. 정신은 생각하고 사유하는 실체이고, 몸과 상관없이 생각할 수 있습니다. 몸은 일정한 형태로 공간을 차지하는 연장(延長)의 실체며 시계와 같이 복잡하고 정교한 기계와 같습니다. 고로 몸이나 우주는 과학적인 접근과 분석이 가능합니다. 인과관계를 중심으로 사물의 규칙이나 법칙을 파악하는 것이 가능합니다. 몸과 정신의 분리를 통해 과학은 그 정당성을 철학적으로 지지받게 됐습니다.

데카르트의 철학은 당대부터 큰 파문을 일으켰습니다. 데카르트 철학을 통해 새로운 철학의 가능성을 본 지지파와 데카르트 철학을 위험하고 불순하다고 판단한 반대파가 생겼습니다. 이런 대립은 데카르트가 머물렀던 네덜란드에서 가장 첨예하게 드러났습니다. 위트레흐트 대학과 레이던 대학을 중심으로 데카르트의 철학을 놓고 논쟁을 벌이게 됐습니다. 논쟁에도 불구하고 데카르트의 철학은 퍼져 갔으며, 근대인의 사고방식과 생활 방식의 토대로 자리 잡았습니다.

수학적 사고방식 역시 데카르트를 따라 근대 문명에서 더욱 중요해졌습니다. 갈릴레이 이후 과학과 결합하여 자연 현상을 밝혀내는 도구가 된 수학은 이제 데카르트를 통해 철학을 포함한 전 학문으로 그 영역을 넓혀 갔습니다. 전체를 부분으로 쪼개고, 일련의 순서를 통해서 문제를 풀어 나가는 방식은 학문뿐만 아니라 일상생활에서도 매우 익숙한 생활 방식이 됐습니다. 어떤 주장을 제시할 때 수식이나 수학적 증명을 이용하는 방법도 보편화됐습니다.

근대적 삶의 방식을 벗어나려는 철학적 노력이 여기저기서 일어나고 있습니다. 그러나 우리의 일상에서 근대적 방식은 우리의 언어보다 더 뿌리 깊게 박혀 있습니다. 데카르트는 여전히 살아서 우리에게 영향을 미치고 있는 것이죠. 고로 데카르트에 대한 성찰과 비판은 결코 탁상공론이 아닙니다. 세부적인 비판도 중요합니다만 무엇보다 되살려야 할 유산은 시대의 문제에 맞서려고 했던 용기와 노력입니다. 그런 자세로 우리는 우리에게 맞는 철학을 형성하고, 새로운 세계를 만들어 가야 합니다. 데카르트가 그러했던 것처럼 말이죠.

● 1596

3월 31일에 프랑스
중서부 투렌의
라 에이에서 태어나다.

● 1597

1세 5월 13일에
어머니를 여의고
외할머니와 유모의 손에
의해 가톨릭교도로
자라나다.

● 1606

10세 예수회 교단이
창설한 라 플레슈 학교에
입학하다.

● 1614

18세 라 플레슈를
졸업하고. 푸아티 대학에
입학해서 법학과 의학을
배우다.

● 1616

20세 푸아티 대학에서
법학사 학위를 받다.
이후 '세상'이라는
커다란 책으로 여행을
떠나다.

● 1618

22세 네덜란드로 가서
군대에 들어가다. 벽보에
있는 수학 문제를 계기로
이삭 베이크만을 만나
수학에 관심을 갖고
공부하게 되다.

부록

● 1619	● 1622	● 1623

23세 30년 전쟁이 일어났다는 소식을 듣고 독일의 가톨릭 군인 휘하에 들어가다. 11월 10일 울름 근교의 작은 마을에서 세 번의 꿈을 통해 놀라운 학문의 기초를 발견하는 영감을 받다.

26세 프랑스로 돌아가 재산을 정리하다.

27세 이탈리아로 여행을 떠나다.

● 1625	● 1627	● 1628

29세 2년 동안 파리에 머물면서 메르센 신부 및 그의 동료와 교제하다.

31세 오라토리오 수도회의 창립자인 베릴 추기경을 만나 새로운 철학에 대해 담화를 나누고 격려와 지지를 받다.

32세 1701년에 출간된 《정신지도를 위한 규칙들》을 집필하다. 네덜란드로 이주하다.

● 1631	● 1632	● 1633

35세 해석 기하학에 대한 연구를 본격적으로 시작하고, 굴절광학이나 해부학 등에 관한 문제에 몰두하다.

36세 윌리엄 하비의 《혈액 순환에 관한 연구》를 접하다.

37세 《세계 및 빛에 관한 논고》를 집필하다. 갈릴레이의 유죄 판결로 인해 출간을 보류하다.

● 1635

39세 딸 프랑신이
태어나다.

● 1637

41세 《방법서설》을
불어로 집필하여
출간하다. 당대 학자들
사이에서 논란을
일으키다.

● 1640

44세 다섯 살의
딸 프랑신과 아버지
조아셍이 죽다.

● 1641

45세 반론과 답변을
포함한 《성찰》이
파리에서 출간되다.
위트레흐트 대학
학장인 보에티우스가
데카르트를
무신론자라고 공박하다.

● 1643

47세 엘리자베스
왕녀와 서신 왕래가
시작되다.

● 1647

51세 레이던 대학의
신학자들이 데카르트의
철학을 불경건하다고
비난하다. 자신의
추종자인 레기우스와
의견 차이로 결별하다.

● 1648

52세 평생의 동지였던
메르센 신부의 임종을
파리에서 지켜보다.

● 1649

53세 스웨덴 여왕
크리스티나의 계속된
초청으로 네덜란드를
떠나 스톡홀름으로 가다.

● 1650

54세 2월 11일에
스톡홀름에서 폐렴으로
죽다.

● 참고문헌 《방법서설, 정신지도를 위한 규칙들》(데카르트 저, 이현복 옮김, 문예출판사,
2012년, 339~342쪽)

1. '생각한다. 고로 나는 존재한다.'가 왜 진리인지 설명해 보세요. 4장 참고

2. 데카르트가 신의 존재를 어떻게 증명했는가를 차근차근 설명해 보세요. 7장 참고

3. 유클리드의 《기하학원론》 제1권의 마지막 정리가 무엇인지, 그 정리를 증명하기

위해서 어떤 방식과 절차를 밟았는지를 설명해 보세요. 8장 참고

4. 데카르트는 혼란과 혼돈의 시대를 극복할 철학을 세우려 했습니다. 그러다가 그는

방법이 필요하다는 결론을 내렸습니다. 왜 그런 결론을 내렸는지 설명해 보세요.

부록 참고

5. 데카르트는 몸과 정신의 관계를 어떻게 설정했나요? 2장, 4장 참고

6. 데카르트 철학은 중세의 종교적 세계관과 다릅니다. 차이점을 설명해 보세요.

부록 참고

7. 데카르트에 대한 비판 중 하나는 그가 무신론자였다는 겁니다. 왜 그런 비판을

받게 되었는지 설명해 보세요. 7장 참고

* 읽고 풀기의 PDF는 blog.naver.com/totobook9에서

다운로드 받을 수 있습니다.

1. 사실로 알고 있는 모든 일들이 거짓이라 하더라도, 그 순간에도 우리가 의심하는 것만큼은 확실하다. '의심하고 있는 나!'가 바로 진리의 토대가 된다. 사람의 본질은 생각 또는 사유에 있는데, 바로 생각하는 나, 사유하는 나가 진짜 나의 실체라는 뜻이다.

2. 의심한다는 건 불완전한 것이다. 완전하다면 의심할 리 없으니까. 그런데 우리에게 깃든 완전이라는 생각은 어디서 왔을까? 이것은 완전한 신으로부터 온 것이다. 그렇기 때문에 신은 존재한다.

3. 유클리드는 사람들이 자신의 정리를 잘 받아들이도록 하기 위해 누가 보더라도 맞다고 인정할 만한 사실, 즉 '전체는 부분보다 크다', '두 점을 연결해 선을 그을 수 있다'와 같은 공리와 공준을 먼저 제시했다. 그리고 이를 가지고 정리의 증명에 활용했다.

4. 데카르트는 사람에겐 누구나 이성이 깃들어 있고, 사람들이 서로 다른 견해를 갖는 건 누가 더 이성적이거나 덜 이성적이라서가 아니라, 잘못된 방법을 따라 이성을 사용하기 때문에 의견이 갈리며 문제가 발생한다고 생각했다. 따라서 제대로 된 방법만 알면 충분히 이성을 활용할 수 있다고 보았고, 그것을 수학에서

찾았다.

5. 데카르트는 사람의 몸이 육신과 영혼으로 되어 있다고 생각했다. 육신은 눈에 보이는 사람의 겉모습이고, 영혼은 생각이나 사유이다. 그래서 영혼은 모양도 없고 자유롭다. 또한 영혼은 다른 동물에게는 없고, 오직 사람에게만 있다고 생각했다.

6. 데카르트의 철학과 중세 세계관의 가장 큰 차이점은 '생각하는 나'가 신보다 먼저 등장한다는 것이다. 중세에서는 신이 있고, 그 신으로 인해 인간과 세상이 존재할 수 있었다. 그러나 데카르트에게 있어서는 생각하는 주체가 먼저이고, 그 주체의 사유 활동을 통해 신이 나중에 등장했다.

   인간에 대한 관점에도 큰 차이가 있었다. 데카르트에게 인간이란 생각하는 존재였다. 이성을 가지고 사유하는 것이 가장 인간적인 속성이라는 뜻이다. 거꾸로 말하면, 생각하지 못하는 존재란 인간답지 못한 존재이고, 생각하는 수준의 정도를 인간 됨됨이의 척도로 생각했다.

7. 생각하는 나에서 출발한 데카르트의 철학은 신보다 우선하여 사람을 생각하기 때문에 신 중심으로 사고하는 당시의 세계관과 배치되었다. 이로 인해 데카르트는 무신론자라는 비판을 받기도 했다.